Antje Bostelmann, Thomas Metze/Hrsg.
Stefan Krüger

Bambusbären-Blues und Regenbogen-Rumba

Antje Bostelmann, Thomas Metze/Hrsg.
Stefan Krüger

Bambusbären-Blues und Regenbogen-Rumba

Eine praxisbezogene Einführung in die musikalische Früherziehung

Beltz · Weinheim, Basel, Berlin

Ihre Wünsche, Kritiken und Fragen richten Sie bitte an:
Beltz Verlag, Fachverlag Soziale Arbeit, Erziehung und Pflege,
Pestalozzistr. 5-8, 13187 Berlin

ISBN 3-407-56228-4

Planung und Lektorat: Eva Grüber, Claudia von Zglinicki
Satz: Jens Klennert, Tania Miguez, Kiliansroda
Fotos/Zeichnungen: Klax-Archiv, Berlin
Druck: Druckhaus Beltz, Hemsbach
Umschlaggestaltung: glas ag, Seeheim-Jugenheim
Titelfotografie: zefa, Düsseldorf
Printed in Germany

Weitere Informationen finden Sie im Internet unter http://www.beltz.de

Inhalt

Antje Bostelmann

Was ein Küchentisch mit Ateliers, Kreativität und Musikpädagogik zu tun hat

Der Küchentisch ist einer der Orte, an dem die meisten kreativen Ideen geboren werden.

In der Vorwendezeit wurde mein Küchentisch, er stand in einer Altbauwohnung in Berlin Pankow, zum Konferenzort für eine Ideenschmiede der besonderen Art. Ich hatte Freunde von mir zum Tee trinken eingeladen, wie das in der damaligen DDR so üblich war. Man traf sich mit hoher Regelmäßigkeit zum Plaudern, Musik hören oder um über gute und schwer zu bekommende Bücher zu reden. Wir hatten ein anderes Ziel. Gemeinsam waren wir an der benachbarten Grundschule in der Kunsterziehung tätig. Unser tägliches Arbeiten mit den Kindern, ihre Kreativität und Frische ließ uns an den vorherrschenden Unterrichtsmethoden und der Starre, in der die Schule organisiert war, zweifeln. Wir entwickelten, ohne auch nur etwas von Reggio oder von Kreativitätstheorien in westlichen pädagogischen Strömungen gehört zu haben, eine eigene pädagogische Idee.

Wir wollten Orte für Kinder schaffen, in denen die reichen Ausdrucksfähigkeiten der

kindlichen Entwicklung gefördert werden, in denen Erwachsene den Kindern mit Respekt und Achtung begegnen, Kinder als Persönlichkeiten akzeptieren und sie entsprechend ihres Entwicklungsstandes fördernd begleiten.

Diese Forderungen an Kinderorte schien uns höchst natürlich und demzufolge einfach umzusetzen. So erhielt unsere Pädagogik und die später danach arbeitenden Einrichtungen den Namen KLAX.

Heute nach 12 Jahren harter Arbeit an diesem Projekt stelle ich fest, die Idee von einer kindbezogenen und kreativitätsfördernden Pädagogik begeistert mich und mittlerweile 200 Mitstreiter in den Berliner KLAX-Einrichtungen wie am ersten Tag. Die Realisierung dieser Pädagogik im alltäglichen Leben von Kindern und Pädagogen ist ein langer und steiniger Weg geblieben und mit einem Klacks nicht zu vergleichen.

Eines der größten Probleme, die uns auf diesem Weg begegnen, ist die Einstellung unserer Gesellschaft gegenüber Kindern und deren erwachsenen Begleitern. Wer Kindern Achtung entgegen bringen will, muss gerade die Personen wertschätzen, die den Kindern deren Entwicklung ermöglichen. Diese Wertschätzung kann ich bis heute in dieser Gesellschaft kaum entdecken, trotz vieler warmer Worte von Politikern.

Die Ausbildung der Pädagogen – ob Erzieher, Lehrer oder Sonderpädagogen – ist denkbar schlecht. Die Familie hat einen geringen Stellenwert, wie uns die Rücknahme staatlicher Förderprogramme zeigt. Kindergartenplätze, Vorschuleinrichtungen, Ganztagsschulen kommen in vielen Statements der Politiker vor, doch tut sich Deutschland sehr schwer, mit bundeseinheitlichen Grundstandards Vorgaben zu machen, um Kinder und Eltern vor orientierungslosen, von Kindergartenleitung oder Schulleitung abhängigen, pädagogischen Ansätzen zu schützen, die in der Qualität der Umsetzung oftmals noch schlecht sind.

In dieser Situation bewegt sich KLAX mit 20 Berliner Kindergärten mit insgesamt 1300 Plätzen, einer einzügigen Grundschule, die von derzeit 60 Kindern besucht wird und einer Malschule, die mit 500 Kursplätzen ein breites Spektrum an Freizeitpädagogik im Bereich der Kreativitätsförderung anbietet.

KLAX hat in den letzten Jahren sehr viel Anerkennung für die pädagogische Arbeit in den Kinderateliers erhalten und ist vor allem wegen der vielen Kinderkunstwerke, die immer wieder in vielen Ausstellungen gezeigt werden, bekannt.

Jeder Kindergarten, auch die Schule verfügt bei KLAX über ein eigenes Atelier und eine speziell dafür ausgebildete Erzieherin oder Lehrerin.

Allerdings ist dies alleine nicht genug, um einem ganzheitlichen, an den Kreativitätspotentialen der Kinder orientierten, pädagogischen Ansatz umzusetzen. Jeder KLAX-Kindergarten verfügt auch über einen eigenen sehr gut ausgestatteten Musikraum, der neben dem Orffschen Instrumentarium, einem Klavier, vielen verschiedenen Trommeln auch Möglichkeiten zum Abhören von Tonträgern bietet. Den Kindern stehen also alle Möglichkeiten offen, sich musikalisch zu betätigen, sich mit klassischer Musik oder Kindermusikstücken auseinander zu setzen. Leider reicht dies alleine nicht. Mehr noch als im Malatelier ist das Kind bei seinen Forschungen und Erfahrungserweiterungen auf die Begleitung eines wissenden und einfühlsamen Erwachsenen angewiesen. Im Bereich der Musikpädagogik bedeutet dies, dass die Erzieherin selbst über Erfahrungen mit der Musik verfügen muss. Sie muss ein Instrument spielen können und in der Lage sein, sich andere Instrumente wenigstens in Grundzügen anzueignen. Sie muss sich im Notensystem sicher bewegen, ihr Rhythmusgefühl geschult haben, richtig singen können und über ein umfassendes Wissen an Musikwerken, Komponisten und deren Zeit verfügen. Das Ganze gepaart mit einer adäquaten Freizeitgestaltung in Hausmusik, regelmäßigen Konzert-, Oper- oder Ballettbesuchen macht aus der Erzieherin einen für Kinder interessanten und überzeugenden Vermittler musikalischer Ideen und Anregungen.

Lange Zeit glaubten die Mitarbeiter in der Personalabteilung von KLAX, dass der Bereich der Musikpädagogik in der Ausbildung der Erzieherin einen wichtigen Stellenwert hat und deshalb eine Nachschulung der KLAX-Erzieherinnen auf diesem Gebiet nicht nötig sei. Wie konnte es dann aber dazu kommen, das die KLAX-Kindergärten in der jährlichen Evaluation ihrer Arbeit gerade im Bereich Musik eher schlecht abschnitten? Dass die Erzieherinnen unzufrieden sind mit ihrer Arbeitsleistung in der Musikpädagogik und sich gemessen an den Anforderungen der Förderung der Kreativität der Kinder auf dem Gebiet der Musik überfordert fühlen?

Aus dieser Erfahrung heraus haben wir uns gemeinsam mit den Erzieherinnen entschieden, ein Trainingsprogramm für die jeweils verantwortliche Musikerzieherin des jeweiligen KLAX-Kindergartens einzuführen.

Mit der Entwicklung dieser praxisorientierten Fortbildungsreihe beauftragten wir den Musikwissenschaftler Dr. Stefan Krüger, der dieses Projekt in seiner Modellphase zuerst in zwei KLAX-Kindergärten durchführte. Die Ergebnisse dieses einjährigen musikalischen Experimentierens mit Kindern und Erzieherinnen stellt Stefan Krüger in diesem Buch vor.

Michael Fink

Musik-Geschichten

Musik ist eine der Fähigkeiten, die man als Mensch in seiner Grundausstattung mitbekommt: Musik kann man schon im Mutterleib erleben, Rechnen, Malen, Sozialkompetenz müssen im Kindesalter mühsam erlernt werden. Musik ist etwas, was jedem Menschen von Anfang an zugänglich ist – genetisch angelegt.

Trotzdem ist Musik etwas, auf das man trifft. Man sagt mitunter, dass jemand zur Musik dann und dann gefunden hat. Manch einer erzählt aber auch, dass er sich irgendwann wieder davon entfernt hat. »Als Kind liebte ich es zu singen. Heute kann ich das nicht mehr.«

Die Erinnerung zeigt: Jeder Mensch hat seine eigene Musikgeschichte, also seinen Weg zur Musik, seinen Weg mit Musik. Wie er sich der Musik genähert hat, wie er neue Vorlieben entwickelt hat, Passionen entstanden sind oder Abneigungen. Ich persönlich erinnere mich an eine eher verhängnisvolle erste Begegnung mit Musik: Im Kindergartenalter wurde ich zum Besucher einer Musikschule mit japanischen Lehrgängen. Musik stellte sich als Klavierüben und Fingerverbiegen dar, als Nachmittagsqual, lange bevor ich Schulhausaufgaben kennen lernte. Nicht allzu lange dauerte dieses Missvergnügen, bis meine Abmeldung vom Klavierkurs erfolgen musste. Erst als Jugendlicher entdeckte ich plötzlich das missachtete Klavier wieder, und das Probieren machte so viel Spaß, dass mir ohne Klavierunterricht schnell Dinge gelangen, die ich mir nie zugetraut hätte. Wir Pädagogen sprechen mittlerweile von Zeitfenstern, die aufgrund bestimmter Anregungen, kombiniert mit Entwicklungsfortschritten und Reifungsprozessen im Hirn, aufgehen: Als kleiner Musikschüler war mein Zeitfenster für Musik gut verriegelt, als Jugendlicher wohl gerade sehr leicht aufzustoßen.

Dieses Buch erzählt viele Musikgeschichten. Erzählt wird von Momenten, in denen aufgrund anregender Impulse und stimmiger Randbedingungen bei Kindern Musik auf geöffnete Zeitfenster treffen konnte. Die Begegnung mit der Musik konnte in diesen Geschichten eine positive Langzeitwirkung entfalten: Kinder entdeckten, dass Musik einerseits schön ist, dass Musik aber außerdem etwas ist, an das man sich getrost heranwagen kann, weil man es sich leicht und auf eigenen Wegen zu Eigen machen kann.

Wieder einmal wird in den Geschichten wenig mit den Kindern »gemacht« und es scheint, als ginge es viel mehr um die Bereitstellung des richtigen Rahmens, um Kinder zu einer fruchtbaren Begegnung mit Musik zu verhelfen. Soll alles bei dieser Begegnung mit der Musik von selbst passieren, aus den Kindern heraus, ohne Einflussnahme der Pädagogen?

Die Vorstellung wäre naiv und unzeitgemäß. Nein, es geht um musikalische Bildung. Bildung bedeutet, dass Menschen ihrer nachfolgenden Generation Gedanken, Erkenntnisse, Haltungen und Werte weiter geben. Gerade im Bereich Musik ist es ein großes Schatzkästchen, was von Generation zu Generation weiter gegeben wird: große Musikstücke, Notationssysteme, Musikinstrumente aus verschiedensten Kulturen...

Aber Bildung ist nicht mehr die reine Belehrung der jüngeren Generation durch die ältere. Pädagogik ist, so schreibt Hartmut von Hentig, zum Aushandlungsprozess geworden. Wie eine Handelsware können wir den Kindern die Werte unserer Kultur anbieten, und wir können dafür sorgen, dass sie die Möglichkeit haben, diese Ware auch entgegennehmen zu können, indem wir ihnen die Fähigkeiten dazu verschaffen. Aber wir können bei diesem Handel nicht vorschreiben, ob die Kinder alle Pakete wollen oder nur die wichtigsten Kulturgüter. Und wir können nicht vorschreiben, was sie mit den erworbenen Dingen zu tun gedenken.

Konkret meint das: Wir können den Kindern sehr vieles von dem Schatz Musik vorstellen und anbieten. Wir müssen ihnen immer dabei den Freiraum zugestehen, sich den Schatz auf die ihnen gemäße Weise zu erobern.

Musikalische Früherziehung als ganzheitlicher Ansatz

Jedes Kind nähert sich der Musik auf seine Weise und in seinem eigenen Tempo. Jahrzehntelange Erfahrungen und Forschungen in der musikalischen Früherziehung haben keine allgemein gültige Formel offenbart, wie die Musik Kindern am besten nahe gebracht werden kann. In gewisser Weise spiegelt die Vielfalt an Methoden und Möglichkeiten gerade die Unterschiedlichkeit bei den Kindern wider. Gleichwohl gibt es eine Anzahl von bewährten Herangehensweisen, wie die musikalischen Potenziale in Kindern geweckt und verstärkt werden können, und um die geht es hier. Musik als Vitalkraft kann eine unerschöpfliche Quelle von Lebensfreude und Energie sein.

Wenn wir musikalische Früherziehung als ganzheitliche Förderung der musikalischen Persönlichkeit des Kindes verstehen, bedeutet das, dass Kinder das Medium Musik als Mittel zum Ausdruck eigener Vorstellungen und Ideen, eigener Kreativität und Gefühle und zur Selbstverwirklichung entdecken und gebrauchen lernen. Im Zentrum steht deshalb nicht nur die Vermittlung von musikalischen Grundkenntnissen oder das Erlernen eines Instruments, sondern die Förderung der musikalischen Persönlichkeit des Kindes und die positive Begegnung mit Musik.

Musik begegnet uns heute in vielen Formen und Klanggestalten. Diese Vielfalt scheint uns manchmal geradezu zu überfordern, sie spiegelt aber nur den ästhetischen Wertepluralismus unserer postmodernen Gesellschaft

wider. Gerade dass wir nicht einfach von selbstverständlich gegebenen musikalischen Werten und Normen ausgehen können, bildet die Voraussetzung für eine ganzheitliche musikalische Früherziehung. Sie hat die Aufgabe, die Basis für eine selbstbestimmte, kritische und an den eigenen Bedürfnissen, Fähigkeiten und Neigungen orientierte Aneignung von Musik zu legen.

Die Aneignung von Musik ist in unserer komplexen Gesellschaft ein individueller Prozess. Eine besondere Rolle spielen dabei einerseits – als aktive kognitive Konstruktionsleistung des Gehirns – die Wahrnehmung von Musik und andererseits – als Aneignung von

Handlungskompetenz – das Erlernen von Musik. Wenn wir in diesem Zusammenhang nach Form und Inhalt der musikalischen Früherziehung fragen, ist es ratsam, zunächst einmal die Bedeutung und Funktion von Musik zu betrachten.

Lange Zeit (und teilweise auch heute noch) wurde die musikalische Früherziehung lediglich als Vorbereitung zum klassischen Instrumentalunterricht betrachtet. Das korrespondierte mit einem Musikbild, das ausschließlich die Musik des klassischen Abendlandes in der Tradition von Bach, Beethoven und Mozart als »wahre« Musik gelten ließ. Alle anderen Arten galten entweder als primitiv (zum Beispiel die Musik anderer Kulturkreise wie Afrika) oder als Lärm (wie die in den 60er Jahren aufgekommene Pop- und Rockmusik). Ein solches Verständnis von Musik hat sich zu Beginn des 21. Jahrhunderts glücklicherweise gewandelt. Mit der in unserer Gesellschaft anzutreffenden Vielfalt an musikalischen Formen werden heute zunehmend die vielfältigen Bedeutungen und verschiedenen Funktionen, die Musik haben kann, erkannt und akzeptiert. Wie steht es damit in unserer Gesellschaft?

Zunächst wird Musik als künstlerischer und damit kultureller Wert angesehen. Durch Musik eignen wir uns die kulturellen Werte und Maßstäbe unserer Gesellschaft an. Dieser Form der Musik begegnet man vor allem durch das bewusste Anhören. Typisch hierfür ist ein klassisches Konzert, in dem die Zuhörenden ruhig, still und konzentriert der dargebotenen Musik lauschen.

17

Wichtig ist auch das gemeinschaftliche, soziale Erleben von Musik – beispielsweise beim gemeinsamen Musizieren, wie es in Musikvereinen, Chören oder in Pop-, Rock- und Jazzbands, aber auch freier und eher spontan auf Festen, Partys, Jam Sessions oder im Fußballstadion stattfindet. Die Begegnung mit dieser Form der Musik ist primär interaktiv; die Beteiligten singen mit oder tanzen zur Musik. Sie wird so zum Ausdruck von Lebensfreude und dient der Erfahrung des eigenen Körpers und der eigenen Gefühle.

Die individuellen Karrieren von Künstlern in allen musikalischen Bereichen von Pop bis Klassik zeugen von einem weiteren wichtigen Element der Musik: dem individuellen künstlerischen und emotionalen Ausdruck der eigenen Persönlichkeit, den das Medium Musik ermöglichen kann. Damit verbunden sind der Erwerb von sozialem Status und Prestige oder die Möglichkeit, Musik zur ökonomischen Lebensgrundlage zu machen. Die Begegnung mit dieser Form der Musik ist lebensweltlich, d.h. die Musik ist alltäglicher und dauerhafter Bestandteil des eigenen Lebens.

Im privaten Bereich schließlich finden wir Musik zur Unterhaltung, zum Zeitvertreib und als Hobby. Durch Medien wie Radio, Fernsehen und Internet ist Musik in unserem Alltag allgegenwärtig. Wir können uns der Begegnung mit ihr nicht entziehen. Im Gegenteil, wir benötigen Handlungsstrategien, um diesen, uns permanent umgebenden Soundwall auf ein verträgliches Maß zu begrenzen. Für den Erwerb der hierfür nötigen kritischen und reflektierenden Handlungskompetenz

sollte der Grundstein ebenfalls schon in der musikalischen Früherziehung gelegt werden.

Wesentliches Kennzeichen der ganzheitlichen musikalischen Früherziehung ist, dass sich ein Großteil der verschiedenen Bedeutungen, die Musik haben kann, im Kindergartenalltag wieder findet, Musik also nicht auf eine der verschiedenen Bedeutungen reduziert wird. Betrachten wir, wie sich diese Vielfalt der Zugänge und Bedeutungen von Musik im Kindergartenalltag – zum Beispiel in einer Einrichtung des freien Trägers KLAX – zeigt.

Morgenkreiskonzert

Beim gemeinschaftlichen Singen von Liedern im Morgenkreis: Manchmal sind es vielleicht nur die anwesenden Erzieherinnen, die das Morgenlied so gerade »über die Runden retten«, manchmal groovt es auch richtig, wenn ein bestimmtes Lied zum Hit geworden ist und alle begeistert mitsingen. Quasi nebenbei erwerben die Kinder dabei ein Repertoire von Liedern, das von alten, traditionellen bis zu modernen Schöpfungen reicht. Lieder im Morgenkreis haben dabei eine vielfältige Funktion: Sie stimmen auf das Thema des Tages ein, sie vermitteln Gemeinschaftsgefühl, sie sind das Ritual, dass Kinder im Kindergarten ankommen und sich zu Hause fühlen lässt.

Musik in Bewegung

Im Musik- und Bewegungsraum erfahren die Kinder bei Bewegung und Musik ihren eigenen Körper, ihre Energie und ihre Ausdrucksmöglichkeiten. Sie nehmen Rhythmus und Impuls auf, ahmen Bewegungsformen nach (etwa Tiere) oder erfinden neue Bewegungsgeschichten. Maylehn erfand beim Anhören eines stimmungsvollen Musikstücks ihre ganz individuelle Bewegungsgeschichte: Der Flug der Eisprinzessin über den Schokoladensee. Wie mag das Musikstück geklungen haben?

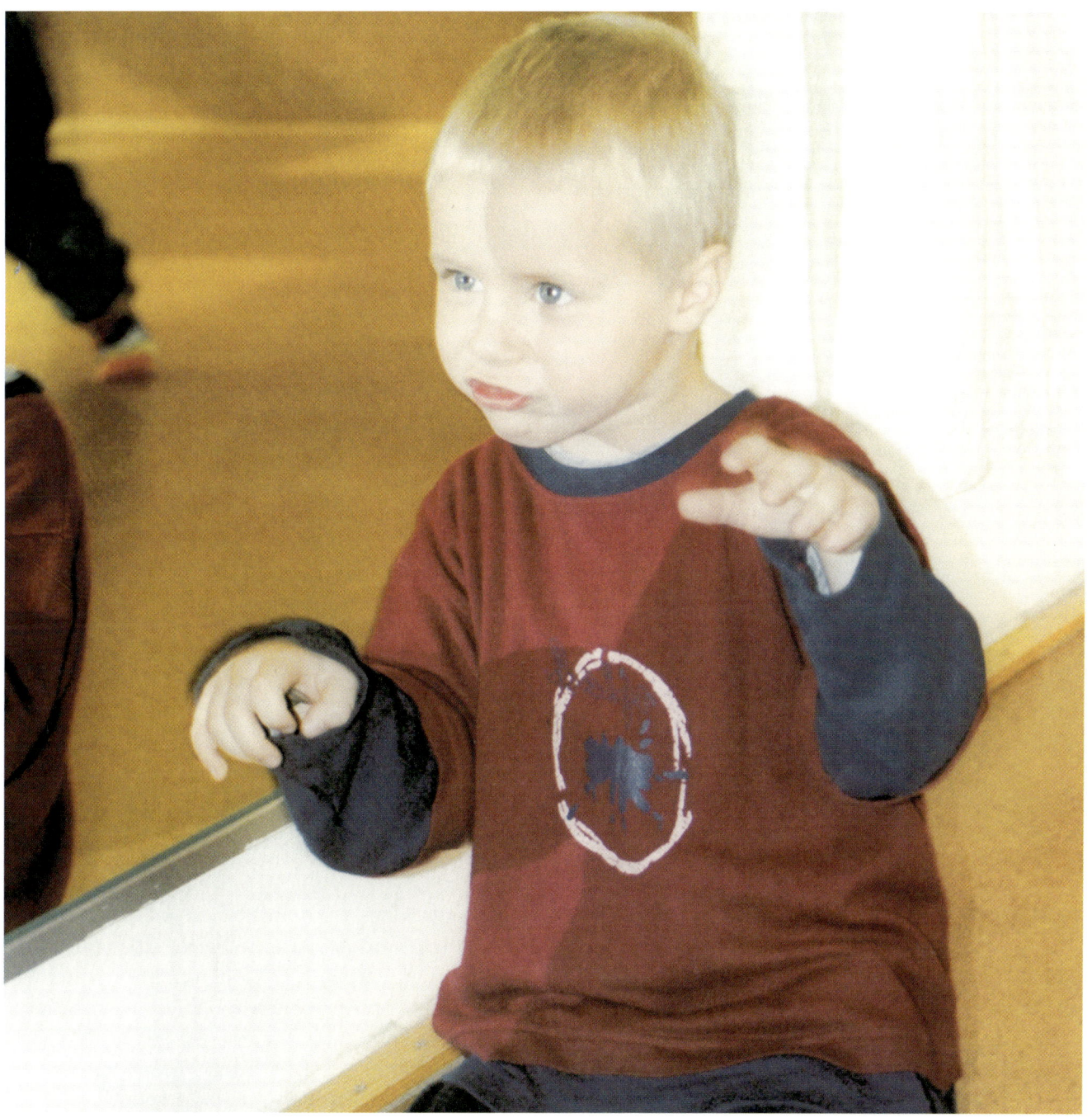

Hörerlebnisse

Die Kinder versammeln sich mit der Pädagogin Sandra vor dem Recorder. Sandra hat auf ihrer Kassette eine sonderbare Sammlung mitgebracht: die Klang-Sammlung! Aufgeregt werden die Ohren gespitzt. Was war denn das für ein Klang? Es hört sich an wie in der U-Bahn. Nein, es ist eine Flöte! Aber dafür ist es doch viel zu laut. Ein Klavier ist es natürlich auch nicht. Eine Trompete? Ja, eine Trompete! Jurek ist sich ganz sicher: »So etwas habe ich schon einmal gesehen. Mein Onkel hat früher einmal damit Straßenmusik gemacht!«

Geschichten mit Klang

Bei Klangspielen oder Improvisationen am Instrument setzen die Kinder die eigenen Ideen und Kreativität in die Tat um. Mit der Trommel kann man trommeln, man kann aber auch das Geräusch einer stampfenden Elefantenherde imitieren, verfolgt von einem leisen Mäuschen. Die Trommel kann auch mit der Nase gespielt werden und die Oma fährt nicht nur im Hühnerstall Motorrad, sondern auch auf der Rennbahn und eigentlich kann sie auch Auto und Fahrrad fahren. Wenn man einmal eine gute Klanggeschichte angefangen hat, kann man vor guten Ideen gar nicht mehr aufhören, meint Rosa. Dem Erfinden von eigenen Liedversionen und ihrer Umsetzung in musikalische Spielideen sind keine Grenzen gesetzt.

Welche musikalischen Vorlieben beim einzelnen Kind mehr in den Vordergrund treten, welchen es den Vorzug gibt und worauf es mehr anspricht, hängt letztlich von der Persönlichkeit des Kindes ab. Das achtsame Wahrnehmen der musikalischen Aktivitäten der Kinder durch die Musikerzieherinnen sorgt dafür, dass Talente und Begabungen rechtzeitig erkannt werden, und führt dazu, dass Unterrichtsempfehlungen gegeben werden.

Gerade das achtsame Wahrnehmen all dessen, was vor sich geht, betrifft einen ganz zentralen Punkt in der Maxime der Pädagogik in den KLAX-Kindergärten: Die musikpädagogische Arbeit geht von der Situation und den individuellen Eigenschaften des Kindes aus.

Statt die Kinder nach einem von Erwachsenen vorgegebenen musikalischen Bild umformen zu wollen, begleiten die Musikerzieherinnen die Kinder. Der prozessorientierte Ansatz bietet Raum und Entfaltungsmöglichkeiten für die spezifischen musikalischen Begabungen, Talente und Eigenarten der Kinder. Die individuellen Persönlichkeiten der Kinder werden bewahrt; die Kinder werden ihren eigenen Potenzialen entsprechend gefördert und nicht nach einem von außen bestimmten Bild geformt. Akzeptanz und Achtung vor dem musikalischen Ausdruck der Kinder werden hier von dem Wissen und dem Verantwortungsbewusstsein getragen, dass durch das pädagogische Handeln der Erziehenden die lebenslange Einstellung eines Kindes zur Musik beeinflusst und mit geprägt wird.

Durch gezielte und durchdachte musikalische Erfahrungsangebote werden die Ausdrucksmöglichkeiten der Kinder und die damit von ihnen gewonnenen Einsichten, Erkenntnisse und Fertigkeiten gefördert, so dass es den Kindern möglich wird, sich selbst gestaltend und aktiv in die Welt einzubringen. So werden die Kinder gewissermaßen Komponisten ihrer eigenen musikalischen Welt. Lernen und Bildung heißt Erfahrungen machen. Aus *lebendigem Erleben* entsteht Wissen. Kinder wollen von sich aus lernen und sich die Welt handelnd aneignen. Jedes Kind kann dabei seinen eigenen musikalischen Lernweg finden. Musikalische Früherziehung fördert dieses Aneignungsbedürfnis, indem es den Kindern ein Experimentier- und Erfahrungsfeld für die verschiedenen Wege des Lernens bereitstellt.

Sie werden in den folgenden Kapiteln vorgestellt: Singen, Stimme, Hören, Wahrnehmung, Körper, Bewegung, Energie, Rhythmus, Atmung, Ausdruck, Entspannung, Instrumente, musikalische Klangreisen, Klangspiele, Improvisationen und Musik am Computer.

Aus diesem Grund umfasst sie viele musikalische Erfahrungsfelder mit unterschiedlichen Angeboten. Diese musikalischen Felder bilden den inhaltlichen Rahmen für die musikalische Früherziehung. Sie sind kein Lehrplan, der Stück für Stück abgearbeitet wird, sondern verstehen sich als Orientierung, die je nach dem Potenzial der Kinder und der Dynamik der Musikstunden ergänzt, verändert und erweitert werden kann.

Die musikalischen Felder sind nicht streng voneinander abgegrenzt, sondern bedingen, ergänzen und beeinflussen sich gegenseitig.

Im Mittelpunkt der ganzheitlichen musikpädagogischen Arbeit bei KLAX steht also nicht nur lediglich ein (richtig) gesungenes Lied oder das korrekt gespielte Instrument, sondern die Förderung der Kreativität, der Ausdrucksfähigkeit und der Handlungskompetenz auf musikalischem Gebiet und damit auch eine Stärkung der sozialen und emotionalen Kompetenz des Kindes. Dem liegt die Vorstellung von selbstbestimmten, verantwortungsvollen, sensiblen, handlungsfähigen und kritischen Menschen zu Grunde, die ihre Umwelt mit wachen Sinnen wahrnehmen und sich als Teil der Gesellschaft begreifen. Musikalische Früherziehung, so verstanden, ist kreative, soziale und aktive Bildungsarbeit.

Kindermusik?

Über musikalische Werturteile in der musikalischen Früherziehung

Wer kennt sie nicht, die Musik-CDs für Kinder? Vom Sonderangebot auf dem Wühltisch im Supermarkt bis zum pädagogisch gepriesenen Fachprodukt werden auf den CDs unter vielen Titeln alte und neue Kinderlieder gespielt. Betrachtet man die Ästhetik dieser Kinderlieder, fällt auf, dass sich der überwiegende Teil dieser Tonträger – sowohl Melodie, Harmonie und Rhythmus als auch Arrangement und Instrumentierung betreffend – recht nahe an ästhetischen Formen des Schlagers bzw. der kommerziellen Volks- und Popmusik orientiert. Nichts gegen diese Musikgattungen oder die vielen gelungenen Beispiele für moderne Kinderlieder wie sie bei Gerhard

Schöne, Rolf Zuckowsky oder Robert Metcalf zu finden sind, die Frage stellt sich aber: Ist dies allein wirklich Kindermusik, also Musik für Kinder oder ist diese Musik nicht oft nur ein ästhetisches Konstrukt, das die Vorstellungen der Eltern und Erwachsenen – also derjenigen, die dafür das Geld ausgeben – einlöst, was Kindermusik zu sein hat? Niedlich, schön, einfach, lustig, naiv (?) und harmlos. Entspricht dies aber den vielfältigen musikalischen Ausdrucksformen der Kinder?

Der Maler Wassily Kandinsky schrieb über Kinderzeichnungen: »So entblößt sich in jeder Kinderzeichnung ohne Ausnahme der innere Klang des Gegenstandes von selbst; es ist eine

lität und kraftvolle Ausdrucksfähigkeit dar, die wir als Erwachsene mit unseren im Allgemeinen festgefahrenen Hörgewohnheiten nicht oder nur sehr schwer *wahrnehmen* können?

Aber vielleicht ist es manchmal gar nicht so schwer. Wir haben in den Musikkursen und Projekten in den KLAX-Kindergärten andere Erfahrungen gemacht:

Mikrofonsession

Wir bauten gerade die Musikanlage für das Puppentheaterstück von Akascha und Dilan auf. Jonas (sechs Jahre alt) war für die Musikanlage verantwortlich. Als sie fertig aufgebaut war, schnappte er sich das Mikrofon und legte los. Mit großer Begeisterung begann er mit seiner Stimme ein zweitaktiges melodisches Motiv zu wiederholen, dass ihm spontan eingefallen war. Es war sehr rhythmisch orientiert, wie ein Gitarrenriff eines Rocksongs, und hatte keinen Text. Jonas reihte die Vokalsilben einfach aneinander. Jede Wiederholung war sogleich eine Variation und mit jeder Variation des Grundmotivs wuchs seine Begeisterung dafür, noch mehr Ausdruck, emotionalen Gehalt und Rhythmus in seine Stimme zu legen. Schließlich war er so begeistert, dass er die anderen Kinder aufforderte mitzumachen. Vor meinem inneren Ohr entwickelten sich bereits Drum-, Bass- und Gitarrenspuren für die Begleitung eines Projektlieds. Schließlich wurde Jonas´ Schaffensdrang dadurch beendet, dass die anderen Kinder endlich mit ihrem Stück beginnen wollten.

unbewusste, enorme Kraft im Kinde, die das Kinderwerk dem Werk des Erwachsenen gleich hoch (Und oft viel höher!) stellt.«

Es ist bezeichnend, dass Kandinsky von einem *inneren Klang* spricht. Gilt das, was Kandinsky hier über die Zeichnung sagt, nicht auch für den musikalischen Ausdruck des Kindes? Stellt der vom Kind kommende musikalische Klang nicht eine überquellende Vita-

Tastenmalerei

Faschingsdienstag im Kindergarten. Nach-dem sich der Discosturm gelegt hatte und alle ans Buffet gerannt waren, blieb nur Dennis (vier Jahre alt) am Klavier zurück. Schüchtern fragte er, ob er spielen dürfe. Langsam began-nen seine Finger, über die Tasten zu gleiten. Behutsam und vorsichtig ließ er die Töne er-klingen. Von den hohen zu den tiefen und wie-der zurück bewegten sich seine Finger ge-schmeidig über die Tasten. Schließlich ent-schied er sich für den tieferen Tastenbereich und mit einem Mal war es da: Unvermittelt spielte Dennis eine rhythmische Figur, die

mich spontan an einige Passagen aus Eric Saties Gymnopédies erinnerte. Es dauerte eini-ge kostbare Augenblicke, dann brach er ab und lächelte mich an. Wir spielten noch unge-fähr eine Viertelstunde zusammen auf dem Klavier. Es war ersichtlich, dass Dennis eine tiefe Befriedigung aus dieser Form des Entde-ckens von Tönen und Klängen zog.

Ist das Musik?

Für den erwachsenen Zuhörer vollzieht sich die Musik von Kindern vor allem in bewusst wahrgenommenen Augenblicken. Es ist diese Achtsamkeit für Momente, aus der wir als Erwachsene Respekt vor dem musikalischen Ausdruck von Kindern schöpfen. Viele Er-wachsene stellen sich angesichts der bei sol-chen Sessions nicht immer »harmonisch« – das heißt in diesem Zusammenhang, nicht nach ihren Vorstellungen – klingenden Töne und Laute die Frage: »Ist das Musik?« Die ganz-heitliche musikalische Früherziehung beant-wortet diese Frage mit ja. Es ist Musik, denn es sind Laute, die sich nach Klang, Lautstärke, Tempo und Rhythmus unterscheiden, und aus nichts anderem besteht Musik: aus Klang und Rhythmus.

Es ist wichtig, diese von den Kindern selbst gemachte Musik, ihre musikalischen Äuße-rungen ernst zu nehmen, das heißt, den Wert, den sie für das Kind in diesem Augenblick besitzt, zu erkennen, zu akzeptieren und das dem Kind auch zu vermitteln. Nicht unsere Bewertung steht dabei im Vordergrund, son-

dern der Umstand, dass sich ein Kind musikalisch ausdrückt. Niemand würde zu einem Bild eines Fünfjährigen sagen: »Das ist aber nicht so gut wie eines von Picasso.« Leider tun viele Erwachsene genau das unbewusst, wenn es um die von Kindern gemachte Musik geht. Nicht das, was wir als Erwachsene von der Musik der Kinder erwarten bzw. hören wollen, ist zunächst wichtig, sondern das, was der Klang den Kindern in diesem Augenblick bedeutet. Kinder zeigen etwas sehr Persönliches von sich, wir sollten dieses Sich-Öffnen

der Kinder zu schätzen wissen und ihm die Anerkennung und Achtung zukommen lassen, die es verdient. Das heißt nicht, dass wir nicht auch kritisch damit umgehen sollten (das ist zu laut, das gefällt mir einfach nicht...). Die authentische, aber wohl wollende Reaktion der Umwelt auf die Musik ist wichtig. Wir sollten uns aber immer bewusst machen, dass die musikalischen Ausdrucksformen der Kinder Stufen auf einem Weg sind, auf dem Weg zu ihrer eigenen musikalischen Persönlichkeit und Ausdrucksweise.

Von Mozart
und anderen Genies

Über Begabung
und andere Vorurteile

Die Kinder

Die Kinder sind die eigentlichen Künstler und Akteure der musikalischen Früherziehung. Wir sollten niemals vergessen, dass es bei allem, was Musikerzieherinnen tun, um die musikalische Entwicklung der Kinder geht, dass also die Kinder nicht für die Musik da sind, sondern die Musik für die Kinder. Die Entwicklung eines Kindes geschieht in enger Verbindung mit Klang. Schon im Mutterbauch erlebt

ein Kind die rhythmischen Bewegungen und den Herzschlag der Mutter, der ihm beruhigende Geborgenheit vermittelt. Er stellt die erste prägende klangliche und rhythmische Erfahrung mit der Welt dar. Auch von außen erlebt das Kind reizvolle oder beunruhigend eindringende Schallwellen. Ein Kind wendet dem Klingen und Tönen seine Neugier oder Aufmerksamkeit in besonderem Maße zu, wenn es von einem Klang oder vom Klangerzeuger fasziniert ist, wenn der Klang Erinne-

rungen oder Empfindungen in ihm weckt oder begleitet, oder wenn die Klänge das Körper- und Bewegungsempfinden reizen.

Die Begegnung mit Musik und die Aneignung von Musik durch ein Kind geschehen individuell innerhalb von bestimmten biologischen, psychologischen, kulturellen und gesellschaftlichen Rahmenbedingungen. Für die musikalische Entwicklung eines Kindes gibt es keinen allgemein gültigen Masterplan. Musikpsychologie und -pädagogik beschreiben

gewisse Entwicklungstendenzen bzw. Spektren, innerhalb derer die Entwicklung stattfindet. Letztlich lassen sich damit aber nur wenige Aussagen über die konkrete individuelle Entwicklung – das Wann, Was und Wie der Entwicklung – des einzelnen Kindes machen.

Kinder stehen mit ihrer Lebenswelt in akustischem Kontakt und ordnen sie nach den Tönen und Klängen der Menschen und Dinge. So gut wie alle finden einen spielbezogenen, neugierigen und freudvollen Zugang zu Mu-

sik. Sie reagieren fast immer positiv auf Klänge (nur nicht, wenn sie für das Kind zu laut sind), vor allem, wenn sie diese selbst erzeugt haben. Sie gehen von sich aus auf Klänge und Musikinstrumente zu und lassen sich von Musik körperlich und emotional bewegen. Klänge erfreuen, machen neugierig, lösen instrumentale oder vokale Reaktionen aus. Es ist dabei wichtig, immer wieder wahrzunehmen, wo das Kind in seiner musikalischen Entwicklung gerade steht, was in ihm vorgeht

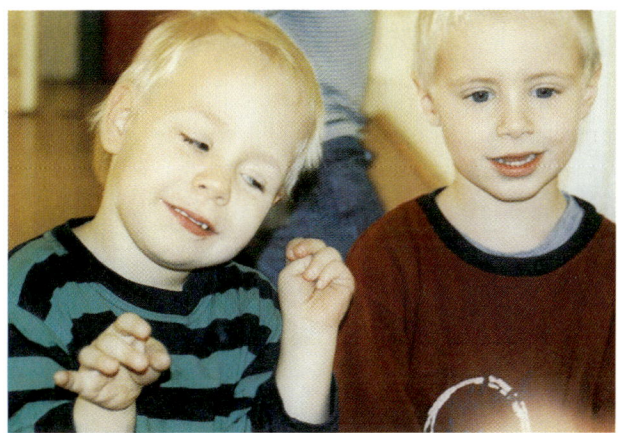

und wohin seine Aktivitäten sich richten. Was erregt seine musikalische Aufmerksamkeit und wo liegt sein derzeitiges Interesse? Wofür entwickelt es Begeisterung und Motivation? Wir sollten uns diese Fragen zu jedem Zeitpunkt seiner Entwicklung immer wieder neu stellen.

Auf dieser Basis sollte man dem Kind ihm entsprechende musikalische Angebote machen und es optimal unterstützen und fördern. Dass sich ein Kind zu einem gewissen Zeit-

punkt nicht für ein Musikinstrument interessiert, bedeutet nicht, dass es ein Jahr später nicht doch Hingabe dafür entwickeln kann. Auch können die Präferenzen wechseln. Wenn ein Kind mit fünf begeistert trommelt, bedeutet das nicht, dass es später nicht doch lieber Gitarre oder Klavier lernt.

Ein wichtiger Indikator für ein optimales Erfahrungsangebot ist die Aufmerksamkeit, die ein Kind dem Angebot entgegenbringt. Wie lange beschäftigt es sich damit? Wie lange kann es die Erfahrungsfelder für sich nutzen, wann »ist die Luft raus«?

Aktives Musizieren

Die Entwicklung des Musizierens in unserer Gesellschaft ist leider immer noch durch Vorurteile geprägt, was die musikalische Begabung von Kindern betrifft. Die Frage ob und wie musikalisch begabt ein Kind ist, hat in der pädagogischen und gesellschaftlichen Diskussion viel Raum eingenommen. Tatsächlich gibt es heute in der Wissenschaft zu den Fragen von Begabung und Intelligenz mehr Meinungen und Modelle als jemals zuvor. Am sinnvollsten scheinen mir gegenwärtig die Konzepte, die der

amerikanische Psychologe Howard Gardner formuliert hat. Er unterscheidet neun Formen von Intelligenz, die alle für eine erfolgreiche Lebensbewältigung in unserer Zeit und unserer Gesellschaft notwendig sind: sprachliche, logisch-mathematische, musikalische, räumliche, körperlich-kinästhethische, inter- bzw. intrapersonelle, naturalistische und existenzielle Intelligenz. Die wenig produktive Frage, ob ein Kind musikalisch begabt ist, wird so ersetzt durch die Frage, welches musikalische Potenzial ein Kind besitzt und ob die musikalischen Angebote, die wir ihm als Eltern, Musikerzieher, Bildungsträger und Gesellschaft zur Verfügung stellen, seinem Entwicklungsstand, seinem Interesse und seinen Bedürfnissen entsprechen. Eine Unterforderung ist dabei genauso schädlich wie eine Überforderung. Schließlich geht es hierbei auch um die Frage, welche finanziellen Mittel wir bereit sind zu investieren.

Aktives Musizieren bedarf keiner besonderen musikalischen Begabung. Tatsächlich findet sich aktives Musikmachen in vielfältiger Form bei praktisch allen Kindern im Vorschulalter, am häufigsten in Form des Singens und der singenden Improvisation, aber auch in rhythmischen Aktionen (zum Beispiel das beliebte Schlagen auf Kochtopfdeckel) und in Bewegungsäußerungen wie dem Tanzen zu Musik. Charakteristisch für all diese musikalischen Aktivitäten ist der spielerische Charakter. Eine Eigenart in unserer Kultur ist das oft zu beobachtende Phänomen, dass diese spontanen musikalischen Aktivitäten im Grundschulalter abbrechen. In anderen Kulturen (etwa in Afrika) ist dies nicht der Fall.

Die Eltern

Alle Eltern hegen Wünsche für die musikalische Entwicklung ihrer Kinder und haben Vorstellungen davon, wie diese Wünsche in der musikalischen Früherziehung umgesetzt werden sollen. Die Erwartungen hängen von den Lebenswelten und Werten der Eltern ab. Heutzutage sind sie in der Regel sehr heterogen, sie variieren stark und umfassen ein breites Spektrum. Sie reichen von der gezielten Vorbereitung auf einen nachfolgenden Instrumentalunterricht mit womöglich professionellen Perspektiven über eine eher allgemeine musikalische Förderung, bis hin zu freiem Musizieren mit spielbetonten Ansätzen. Eine Mutter meinte einmal zu mir: »Mach bloß keinen Mozart aus meinem Sohn«, während ein anderes

Elternpaar auf einem Elternabend anfragte, ob es denn zum Ende des Kursjahres eine kleine Orchesteraufführung der Kinder gäbe.

Auch sind natürlich die Vorstellungen von Musik und darüber, was gute und schlechte Musik ist, welche Musik die Kinder hören sollen und welche nicht, bei den Eltern sehr verschieden. Ein Musikerzieher kann bisweilen sogar mit extremen Lebenswelten und Ansichten konfrontiert werden, sei es mit einem rechtsradikalen familiären Hintergrund mit entsprechenden Liedtexten oder mit dem völligen Verbot von Musik, wie es in fundamentalistisch-islamischen Kreisen anzutreffen ist. Hier sollten im Interesse der Kinder offensiv demokratische Grundwerte vertreten und allen Kindern die Teilnahme an den Musikstunden ermöglicht werden.

Eine weitere Schwierigkeit im Verhältnis zu Eltern ist, dass sich im Kindergarten die Elternschaft in relativ kurzen Zeiträumen immer wieder neu zusammensetzt und sich die Erwartungen der Familien auch während der Kindergartenzeit mit dem Heranwachsen der Kinder ändern können. Auf Elternabenden und in Gesprächen sollte den Eltern vermittelt werden, dass musikalische Früherziehung niemals alle Ansprüche und Erwartungen erfüllen kann. Sie ist so – wie die Praxis immer wieder zeigt – tendenziell leider immer in einer Verteidigungsstellung und muss eher erklären, was alles nicht stattfindet, als dass in das Bewusstsein der Eltern gelangt, was alles passiert.

Wichtig ist stets, den engen Kontakt zu den Eltern und Familien der Kinder und den Austausch mit ihnen zu suchen und die Lebenssituation der Kinder möglichst genau kennen zu lernen, da der Einfluss der Eltern auf die musikalische Entwicklung ihrer Kinder sehr groß ist. Untersuchungen haben gezeigt, dass Kinder zu einem Drittel mit dem Instrumentalunterricht beginnen, weil sie es selbst wünschen, zu einem Drittel, weil die Eltern es wünschen, und zu einem weiteren Drittel, weil beide Seiten es wünschen. Folgende Faktoren haben dabei besonders starken Einfluss auf die Motivation des Kindes zum Musizieren:

• Die Eltern singen zusammen mit dem Kind.
• Die Eltern unterstützen das Kind beim Lernen von Liedern.
• Die Eltern geben dem Kind geeignete Tonträger bzw. Instrumente, mit denen Musik gemacht werden kann.
• Eltern musizieren gemeinsam mit dem Kind.

Die zentrale Rolle, die den Eltern hierbei zukommt, wird auch von der Beobachtung gestützt, dass Kinder, die zu Hause keine Unterstützung beim Musizieren erhalten, es öfter und früher abbrechen als diejenigen, die Unterstützung genießen. Gemäß wissenschaftlichen Untersuchungen hat besonders die Einstellung des Vaters (bzw. der männlichen Bezugsperson) zur Musik einen großen Einfluss auf die musikalische Entwicklung der Kinder. Obwohl die musikalische Umgebung in der Regel durch die Mutter geprägt ist, beeinflussen seine Ermutigungen und seine anspornende Unterstützung das Kind deutlich.

Der Einfluss der Eltern auf Motivation und Einstellung zum aktiven Musikmachen wächst mit dem Alter der Kinder. Typischerweise

übernehmen Eltern die Rolle der aufmerksamen, interessierten und ermutigenden Zuhörer. Ein negativer Einfluss der Familie auf das Musikmachen durch mangelnde Unterstützung und fehlendes Interesses seitens der Erwachsenen kann durch die musikalische Früherziehung und den Musikunterricht nicht oder nur sehr schwer ausgeglichen werden.

Die Erzieherinnen

Jede Musikerzieherin hat ihre persönlichen Vorstellungen und Ideen von Pädagogik und musikalischer Früherziehung und – was noch entscheidender ist – auch davon, was es bedeutet, mit Kindern Musik zu machen. Obwohl Musik integraler Bestandteil in der päda-

gogischen Arbeit im Kindergarten sein sollte, sieht die Realität in den Kindergärten oft anders aus. Musikerzieherinnen, musikalisch oft nicht praxisgerecht ausgebildet, spüren einerseits den Druck von außen, durch Eltern, Träger und Öffentlichkeit, andererseits haben sie aber oft ein negatives Bild von den eigenen musikalischen Fähigkeiten und überfordern sich selbst mit zu hohen Ansprüchen an die musikalische Arbeit und das, was dabei »rauskommen« soll.

Eine Erzieherin meinte nach einigen Stunden musikalischer Früherziehung einmal, sie habe gedacht, in der musikalischen Früherziehung würde sie ganz andere als die ihr vertrauten, neue und weiter gehende Konzepte, Methoden und »Tricks« kennen lernen. Vielleicht ist es gerade die Einfachheit, die manchmal irritiert: Mit Kindern Musik zu machen bedeutet eben nichts anderes als mit Kindern Musik zu machen, ihnen Musik nahe zu bringen und in ihnen die Freude am Musizieren zu wecken, zu fördern und zu verstärken. In der ganzheitlichen Musikpädagogik ist die Rolle der Erzieherinnen und Erzieher neu definiert: Sie halten sich beim Musizieren mit Kindern möglichst zurück und begleiten, unterstützen und motivieren die Kinder dabei, die Klänge und Sounds zu erforschen. Sie schaffen ihnen Freiräume für ihre eigene Kreativität, Fantasie und das Interesse an der Entdeckung und Erfahrung der Welt und bieten ihnen den Rahmen für ihre musikalischen Entdeckungs- und Erkundungsreisen.

Dabei ist es wichtig, sich als Musikerzieherin das eigene Verständnis von Musik, das persönliche Anliegen und die persönliche Motivation bewusst zu machen und in Bezug zur eigenen musikalischen Praxis zu setzen. Dazu gehört auch, die eigene musikalische Biografie und Sozialisation zu ergründen und sowohl bewusst angenommene als auch unbewusst verinnerlichte Werturteile in Frage zu stellen. Genauso wenig wie es die Musik gibt, gibt es die Musik für Kinder. Jede Musikerzieherin begibt sich in ein Spannungsfeld von Musik als Lernfeld, spielerische Praxis, kulturelles Phänomen, Feld sozialer Erfahrungen und Ausdruck von Emotionalität und Lebensfreude. Die Fragen lauten: Wo, wie und wann setze ich als Musikerzieherin beim Musizieren mit Kindern Schwerpunkte? Und welche Schwerpunkte sollen es sein?

Diese Auseinandersetzung findet in einem permanenten Prozess statt, der über Selbstrefle-

Je mehr eine Musikerzieherin die Musik in den Alltag einbringt, die sie selbst mag, umso größer ist auch die Freude, mit der Musik gemacht wird. Die Vielfalt an geeigneter Musik ist heute nahezu unüberschaubar. Für Musikerzieherinnen bedeutet das: Wir müssen auswählen – ob wir wollen oder nicht. Ob wir es unbewusst tun, indem wir einfach an alten Zöpfen hängen bleiben, oder bewusst, indem wir uns von der Vielfalt der Musik anregen und inspirieren lassen und wählen, welche Musik und welche Lieder wir mit den Kindern singen und spielen wollen – auswählen werden wir in jedem Fall.

Eine Musikerzieherin sollte sich immer bewusst sein, dass sie mit ihrem Umgang mit Musik und ihrem Verständnis die Rolle von Musik in ihrem Kindergarten und bei den Kindern wesentlich (mit-)bestimmt. Leider auch in negativer Hinsicht. Es geht sehr viel schneller, einem Kind die Freude an der Musik zu nehmen, als die Freude dafür in ihm zu wecken. Vermittle ich einem Kind die Freude, die Begeisterung, die Motivation, das Können, die Erfüllung, also das, was ich selbst beim Musizieren erfahre und erlebe, entsteht etwas Authentisches und damit auch etwas, was das Kind erleben kann. Mit ihrem Vorleben, damit, wie sie mit Musik umgehen, und mit ihrem eigenen Erleben von Musik, vermitteln die Erwachsenen den Kindern eine positive Bewertung der Musik. Dabei sollte die Arbeit Spaß machen. Tut sie das, gewinnen alle – die Kinder, die Eltern, die Kolleginnen im Team, die Kita-Träger und natürlich auch die Erzieherinnen selbst.

xion, Selbstwahrnehmung im Kindergartenalltag, Austausch mit Kolleginnen und Kollegen und berufliche und private Weiterbildung vollzogen wird und nie zu Ende geht. In diesem Prozess ergeben sich zum Beispiel folgende Fragen: Muss ich zu Weihnachten immer die gleichen Lieder singen, deren ich persönlich schon überdrüssig bin? Kann ich nicht auch einmal moderne Lieder singen oder vielleicht sogar welche mit den Kindern zusammen erfinden?

Wo geht's denn hier zum Klangraum?

Rahmenbedingungen für Musik im Kindergarten

Mit musikalischer Früherziehung sind bestimmte institutionelle, situative und materielle Rahmenbedingungen verbunden. Eine elementare institutionelle Rahmenbedingung ist zunächst einmal der Kita-Träger. Musikalische Früherziehung sieht in einem katholisch geprägten Kindergarten in einer Kleinstadt in Oberbayern sicher anders aus als in einem KLAX-Kindergarten im Berliner Bezirk Pankow. Unterschiedliche weltanschauliche und pädagogische Ansätze des Trägers, die unausgesprochenen und ausgesprochenen musikalischen Traditionen, Leitbilder und kulturellen Werte wirken in der musikalischen Praxis. So zum Beispiel in der Auswahl des Liedrepertoires, das erwünscht oder nicht erwünscht ist, in der Funktion von Musik, die mehr oder weniger betont wird, und natürlich in den musikalischen Freiräumen, die vom Träger gewährt werden. Musikalische Früherziehung sollte in der Lage sein, in die vorgegebenen Kindergartenalltagsabläufe einzufließen (z.B. Berücksichtigung der Ruhezeiten), die musikalischen Aktivitäten und Erfahrungsfelder zu erweitern und sie nach und nach auf das ganze Spektrum der Möglichkeiten hin auszudehnen.

Schauen wir uns die situativen und materiellen Rahmenbedingungen im engeren Sinne an, in denen musikalische Früherziehung stattfindet:
• Musikraum
• Musikinstrumente
• angemessene Gruppengröße
• Sessionstruktur
• Atmosphäre
• verfügbare Zeit
• Musikatelier

Musikraum

Ein Musikraum ist zunächst ein Raum mit der notwendigen Ausstattung zum Musizieren. Er sollte nur das enthalten, was wir für die musikalische Früherziehung brauchen. Allerdings sieht die Praxis oft anders aus: Ich erinnere mich gut an eine meiner ersten Kursstunden. Die Kindergartenleiterin hatte geplant, die musikalische Früherziehung im Spielraum abzuhalten. Das führte dazu, dass nach ca. 15 Minuten der ersten Stunde ein Kind mit Playmobilfiguren spielte, zwei auf dem Tisch malten und zwei weitere vor der Tür mit Autos spielten. Ich stand mit meiner musikalischen Früherziehung allein in der Mitte des Raumes.

Wir sollten uns klar machen, dass ein Musikraum in gewisser Weise selbst ein Musikinstrument ist. Er bietet die Voraussetzung für die Entfaltung des Musikalischen. Ein leerer Raum ist auf diese Weise doch »voll«; voll von Möglichkeiten, voll von musikalischem Potenzial der Kinder, das sich im Raum und in einen Raum hinein entfalten kann. Ein leerer Raum ist voller musikalischer Kinder, die Platz und Möglichkeiten für ihre musikalischen Aktivitäten haben möchten.

Musikalische Früherziehung bedarf dieses Raumes, der die – zumindest zeitweise ausschließliche – Nutzung für musikalische Zwecke zulässt und von anderen Bereichen nicht beeinträchtigt wird. Da ein wirklicher Musikraum eine Rarität in den Kindergärten ist, stellt ein Musikraum in der Regel einen Kompromiss dar. Meistens heißt dieser Kompromiss dann Bewegungsraum oder er besteht

Dila, 6 Jahre, Gitarrenspieler

darin, dass man einen Raum vorher aufräumen bzw. ausräumen muss, was natürlich Zeit in Anspruch nimmt.

Musikinstrumente

Musikinstrumente wirken auf Kinder auffordernd. Zum einen durch den Klang, den das Instrument erzeugt, aber auch durch seine Form, durch Material und Bauweise, die dazu anregen, sich mit dem Instrument zu beschäftigen. Musikinstrumente können für Kinder Spielzeug, Klangwerkzeug, Projektionsfläche oder auch alles zugleich sein.

Eine Trommel kann einen Klang erzeugen, ein Fahrzeug sein, mit dem durch den Raum gefahren wird; mehrere Trommeln können die Basis für ein Trommelzelt auf einer Nordpolexpedition darstellen und schließlich kann eine Trommel auch als Versteck für Vorräte dienen.

Die verschiedenen Musikinstrumente und ihre spezifischen Klangfarben lernt das Kind durch Hören und Sehen (im Original und über Medien wie Bild, Dia, Film, Kassette, Schallplatte und Tonband) kennen; ihre Spielweise erfährt es durch das angeleitete und freie Experimentieren und Ausprobieren. Das Instrument sollte also nicht nur auf Ton- und

47

Bildmaterial, sondern auch real vorhanden sein, als Instrument, das die Kinder sehend, hörend und tastend wahrnehmen können. So können sie die unterschiedlichen Erscheinungen der Schallerzeugung, die Spielweise und die Art der Tonerzeugung (schlagen, schütteln, zupfen, blasen, streichen, reiben), die Abhängigkeit der Klangfarbe von Material und Materialkombination (Metall, Holz, Fell, Pappe, Kunststoff, Glas, Leder...), sowie die unterschiedlichen Klangeigenschaften (hell, dunkel, schrill, weich, hart, sanft, scharf, kurz, lang) und die Klangqualitäten (Farbe, Amplitude, Dauer, Höhe, Dichte) erfahren und kennen lernen. Wichtig ist dabei, dass die Kinder die Klangmöglichkeiten und Wirkungen von Instrumenten aus allen fünf großen Instrumentengruppen erfahren können, womit wir bei der Frage wären, welche Musikinstrumente für die musikalische Früherziehung zur Verfügung stehen sollten.

In unserem Projekt haben wir uns auf folgende Musikinstrumente aus den großen Instrumentengruppen als Basisausstattung verständigt :
- Gruppe der Idiophone (Selbstklinger und Schlaginstrumente): Klangschalen, aus dem Orffschen Instrumentarium Triangel, Cymbeln, Röhrentrommeln, Schellenrasseln, Klanghölzer und Tamburine;
- Gruppe der Membranophone (Trommeln): jeweils zwei Congas, Bongos, Djembes sowie Holzxylophon, Metallophon und Cajón;

Eric, 7 Jahre, Gitarre

- Gruppe der Chordophone (Saiten-, Zupf- und Streichinstrumente): Klavier, Gitarre und Saitenspiel;
- Gruppe der Aerophone (Blasinstrumente): Kindergarten- und C-Blockflöten;
- Gruppe der Elektrophone (elektronische Instrumente): Keyboard und PC mit ihren vielfältigen Nutzungsmöglichkeiten, wobei zur musikalischen Grundausstattung natürlich auch eine Musikanlage einschließlich CD-Player gehört.

Es ist wichtig, brauchbare Instrumente in guter Qualität zur Verfügung zu haben. Sie brauchen nicht unbedingt Profiansprüchen zu genügen, aber sie sollten gut klingen. Kinder reagieren sehr sensibel auf Klänge. Ein minderwertiges Kinderxylophon oder eine nicht gespannte (= gestimmte) Trommel bzw. ein Trommelfell, das nach nichts klingt, kann einem Kind schnell die Freude an der Erfahrung und dem Ausprobieren des Instruments nehmen. Es ist gut, sich von den Kategorien »Musikinstrumente für Kinder« bzw. »Kinderinstrumente« zu lösen.

Jonas, 6 Jahre, Bananentrompete

Natürlich bedarf es bisweilen einer kindgerechten Dimension zum Erlernen eines Instruments. In der musikalischen Früherziehung geht es aber um den wichtigen Bereich der Klangerfahrung, und die ist nur am funktions- und klangfähigen Instrument möglich, nicht an einer eingeschränkten Kopie.

Muss eine Musikerzieherin alle Instrumente selbst beherrschen, bevor sie damit Musik machen kann? Es gibt wirklich Erzieherinnen, die alle oder fast alle genannten Instrumente beherrschen. Eine Beherrschung des Instruments ist selbstverständlich von Vorteil, wichtiger sind Offenheit und Mut, sich auf die musikalischen Ausdrucksmöglichkeiten des Instruments einzulassen und sich klanglich mit ihm auseinander zu setzen. Schließlich geht es in der musikalischen Früherziehung um Klangerzeugung und nicht primär um das Nachspielen fertiger Kompositionen.

Ein weiterer Bereich umfasst die Musikinstrumente, die wir selbst bauen. Kinder sammeln viele praktische Erfahrungen beim Bauen eigener Instrumente. Aus verschiedenen Materialien können sie mit Geräten und Hilfsmitteln selbst hergestellt werden. Die Kinder bekommen so Erfahrungen mit der Größe, dem Gewicht, der Form, der Materialkombination und Tonerzeugungsart verschiedener Instrumente.

Der Umgang mit Musikinstrumenten

In der ganzheitlichen musikalischen Früherziehung benutzen Kinder die Instrumente sowohl selbstständig als auch von einer pädagogischen Fachkraft angeleitet. Im Vordergrund steht dabei die Vermittlung von Regeln und Kenntnissen darüber, wie das Musikinstrument gehandhabt werden muss, um Klänge zu erzeugen und nicht beschädigt zu werden.

Genauso wichtig wie diese Angebote sind aber auch klare Grenzen im Umgang mit Musikinstrumenten. Mit Flöten wird nicht auf den Boden geschlagen und auf Trommeln sitzt man nicht. Die Musikerzieherin ist dafür verantwortlich, dass entsprechende Regeln für den Umgang mit Instrumenten aufgestellt und eingehalten werden. Gerade bei Musikinstru-

menten finden Kinder oft viele andere Wege, Klänge zu erzeugen, die von der herkömmlichen Klangerzeugung stark abweichen können. Manchmal ist der Umgang mit Instrumenten deshalb ein schwieriger Balanceakt zwischen der Schaffung von Freiräumen zum Ausleben des kreativen Potenzials und dem Einüben und Einhalten von sozialen Regeln und Umgangsformen.

Gruppengröße

Die Größe der Gruppe, in der musikalische Früherziehung stattfindet, ist ein entscheidender Faktor für eine erfolgreiche Session. Die ideale Gruppengröße liegt zwischen vier und sechs Kindern. Die Bedeutung der Gruppengröße sollte nicht unterschätzt werden.

Weiterhin ist wichtig, wie das Verhältnis der Kinder innerhalb der Gruppe zueinander ist, wie sie sich zueinander verhalten, ob sie Streit haben, ob latente Konflikte schwelen, ob sie sich gegenseitig beim Musikmachen unterstützen und anspornen und ob es Kinder gibt, die selbstständig auf die Einhaltung der sozialen Regeln achten und diese Regeln

gegenüber ihren Gruppenpartnern vertreten.

Diese Faktoren können dazu führen, dass es bisweilen angebracht ist, die Gruppengröße für eine sinnvolle musikalische Praxis zu verringern, oder dass es möglich ist, mehr Kinder in die Gruppe aufzunehmen. Man sollte sich dabei aber nichts vormachen: In einer Gruppe mit zehn oder mehr Kindern kann keine sinnvolle musikalische Früherziehung mehr stattfinden, selbst wenn die übrigen Rahmenbedingungen – wie der Raum, die Instrumente und Konzepte – auch noch so ideal sein mögen.

Ein anderer Fall betrifft musikalische Felder wie den Bereich Computer und Musik: Hier macht sinnvolles Arbeiten bisweilen auch Zweiergruppen notwendig.

Sessionstruktur

Jede Gruppensession hat ein Anfangs- und ein Endritual, zwischen denen die musikalischen Felder und Erfahrungsangebote sinnvoll angeordnet werden. Wie bei jedem guten DJ oder der DJane ist der richtige Mix wichtig. Bewegungseinheiten wechseln mit konzentrierten Wahrnehmungsübungen, das Spiel am Musikinstrument mit Klang und Fantasiereisen, das Erweitern des Liedrepertoires mit dem Singen der Lieblingsstücke der Kinder. Eingestreut sind kleine Entspannungsübungen oder eine Musikgeschichte. Im Idealfall bezieht sich alles direkt oder indirekt auf das Thema des Monats. Aber auch hier ist weniger oft mehr. Anstatt ein vorher ausgedachtes Programm einfach abzuspulen, ist es sinnvoll, sich auch während einer Session für die spontanen Vorschläge und Ideen der Kinder offen zu halten, auch wenn diese Ideen nicht direkt im Bereich der ausgewählten Thematik liegen.

Soziale Atmosphäre

Genauso wie der Umgang mit Musikinstrumenten Regeln braucht, sind in der Musikgruppe auch soziale Regeln über den Umgang miteinander wichtig. Wenn Musikinstrumente nacheinander ausprobiert werden, wenn ein Kind Musik macht und die anderen dazu tanzen, wenn sich die Kinder an einem Instrument abwechseln, wenn einige zu laut singen oder spielen – all das betrifft soziale Umgangsformen und unterliegt somit bestimmten Regeln. Manche Kinder brauchen viele, manche nur sehr wenige Regeln. Das bedeutet auch, dass wir uns in mancher Gruppe intensiv über diesen Punkt auseinander setzen müssen und in anderen weniger. In einigen Gruppen ist es sogar so, dass die Schaffung einer sozialen Basis zu Anfang einen Großteil der Kurszeit einnimmt, bis die eigentliche musikalische Arbeit beginnen kann. Sind die Regeln erarbeitet und eingeführt und hat jedes Kind sie verstanden, müssen klare Grenzen gezogen und die Regeln konsequent durchgesetzt werden. Ein verantwortungsvoller Umgang der Kinder miteinander ist die ideale Basis für die Schaffung und sinnvolle Nutzung von kreativen Freiräumen.

Musikatelier im Freien

Eine andere Form des musikalischen Interagierens ist das Musikatelier im Freien. Bei gutem Wetter packen wir zum Beispiel unsere Instrumente und sonstigen Klangerzeuger ein und suchen uns eine schöne Stelle im Garten. Die Gruppenzusammensetzung ist dann freier. Kinder kommen, nehmen am Angebot teil und gehen auch wieder. Machmal sitzt die Musikerzieherin vielleicht nur mit einem Kind zusammen, manchmal singen und spielen sie zu zehnt. Auch die zeitliche Dimension ist dann anders. Es kann vorkommen, dass wir einen ganzen Vormittag singend und musizierend draußen verbringen. Im Freien musiziert es sich freier.

Pokemon–Rap

Über die Stimme, das Singen und die Wahrnehmung

Stimme

Die Stimme ist das ursprünglichste und nahe liegendste Musikinstrument, das jedem Kind – und uns allen – zur Verfügung steht. Die menschliche Stimme mit Mund, Zunge, Kehle, Lunge und Stimmbändern stellt ein wunderbares Instrument dar und wird seit Urzeiten für den Gesang genutzt. Kein anderes Instrument kann Gefühle, Stimmungen und emotionale Zustände so deutlich machen wie die menschliche Stimme. Das ist der Grund, warum so viele Menschen Lieder hören und der Gesang bzw. die menschliche Stimme in so vielen und so unterschiedlichen Musikformen wie Pop, Rock, Blues, Schlager, Volksmusik, Hip Hop, Operette und Oper im Vordergrund steht.

Bei Kindern hat das Singen – besonders das improvisierte – vielerlei Funktionen: Es kann seinen Wert in sich selbst besitzen, also Selbstzweck sein; es kann beiläufig, die Spielhandlung begleitend auftreten und dabei selbst nicht im Mittelpunkt der Aufmerksamkeit stehen. Es kann nichts mit der Handlung zu tun haben, aber auch das Spiel kommentieren, unterstützen oder ausmalen.

Schon in der Begrüßungsrunde hatten Luka (vier Jahre), Fabian (drei Jahre) und Willy (drei Jahre) von ihren neuesten Helden berichtet. In der Bewegungseinheit nahmen sie diesen Erzählstrang wieder auf und verwandelten sich nun selbst in ihre Lieblinge. Wir begannen, mit den Namen der Geschöpfe lautmalerisch zu spielen und sie entsprechend der Bewegungsformen der Kinder zu rhythmisieren. Schließ-

lich entwickelte Luka eine Art Rap daraus, den er mit kurzen, energischen Schritten und heftigen Armbewegungen verband. Mit kraftvoller Stimme rappte er:

Poggepoggepoggepoge-digidiggidiggi
Poggepoggepoggepoge-digidiggidiggi....

Luka benutzte seine Stimme, um seine Selbstverwandlung zu unterstützen und zu verstärken. Gleichzeitig koordinierte er mit dem Namen-Rap die Bewegungen seiner Arme und Beine.

Mit der Stimme kann ein Kind jeder Gefühlsregung, jeder Stimmung, jedem Befinden und jedem kreativen Einfall Ausdruck verleihen. Selbst wenn ein Kind nie ein Instrument lernen wird, kann es immer seine Stimme einsetzen,

um sich musikalisch auszudrücken. Für Luka war es selbstverständlich, seine Stimme zur Unterstützung seines Spiels zu verwenden und sich in einer musikalischen Form zu äußern.

Es ist wichtig, diesen positiven Bezug von Kindern zu ihrer eigenen Stimme zu fördern und zu schützen, egal wie ihr Gesang oder ihre Stimme ästhetisch auf uns wirken.

Leider haben es in der Vergangenheit ganze Generationen von Musiklehrern und Musikpädagogen aufs Vortrefflichste verstanden, die wunderbare Gabe der Stimme unzähligen Kindern »auszutreiben«. Und dies allein deswegen, weil die Singkünste der Kinder nicht einem bestimmten musikästhetischen Ideal (zum Beispiel dem klassischen Gesang) ent-

sprachen bzw. die Anforderungen hierfür nicht erfüllen konnten.

Auch mir wäre es so gegangen, hätte es nicht die Rockmusik der 60er und 70er Jahre gegeben, die mir ein anderes musikästhetisches Ideal vermitteln konnte, das viel mehr meiner eigenen Ausdrucksfähigkeit und meinen ästhetischen Vorstellungen entsprach als der Gesang in der Schule oder Kirche. Die Präsenz dieser medialen Vorbilder ist die Ursache dafür, dass ich heute ein positives Verhältnis zu meiner Stimme habe.

Zu Beginn des 21. Jahrhunderts steht uns durch das große mediale Angebot (Tonträger,

Internet) eine breites klangliches Spektrum der Stimme zu Verfügung. Um sich das einmal wenigstens ansatzweise zu verdeutlichen, höre man die CD »Stimmen Stimmen«, zusammengestellt von Joachim Ernst Behrendt. Vom Keschak-Tanz auf Bali über die Regensburger Domspatzen bis zu tibetischen Mönchen – die Möglichkeiten der menschlichen Stimme sind eindrucksvoll und nahezu unerschöpflich.

Wir sollten die vielfältigen musikalischen Möglichkeiten nutzen und den Kindern ermöglichen, ihre eigene Stimme als elementares Ausdrucksmittel in der ganzen Variations- und Funktionsbreite durch gemeinsame und individuelle Erfahrung zu erleben; in Form von spontaner Lautmalerei, in Gesängen, Kinder- und Erwachsenenliedern, im Sprechen, im Rappen und vokalen Gestalten von Versen, Geschichten und Figuren. Es gehört zu den Grundrechten jedes Menschen, dass ihm Möglichkeiten gegeben werden, sich selbstbestimmt nach seinen klanglichen und stimmlichen Fähigkeiten zu entwickeln und ihm selbst entsprechende und für ihn sinnvolle klanglich-ästhetische Ideale zu finden, denn erst auf dieser Ebene entdeckt und erfährt er wirklich, dass Musik Freude und Lebendigkeit ist, ein Medium für den Ausdruck der eigenen Emotionen, Energien und Ideen.

Wahrnehmung

Freude an der Musik ist aber auch aus einem anderen Grund wichtig. Die neurophysiologische Forschung der letzten Jahre hat gezeigt, dass die freudvoll-positive Besetzung von Musik nicht bloßer Selbstzweck, sondern integraler Bestandteil der Wahrnehmung von Musik ist. Wahrnehmungspsychologische Konzepte bzw. Modelle der Verarbeitungsstruktur akustischer Reize im menschlichen Gehirn zeigen, dass akustische Schallwellen durch die Sinneszellen im Ohr in Nervensignale umgewandelt werden. Diese Signale werden bei der neuronalen Verarbeitung im Gehirn zunächst dem limbischen System zugeleitet. Das limbische System ist vor allem für die Regelung der vegetativen Funktionen und der emotionalen Antriebe zuständig. Musik, also alle Klänge, Töne, Melodien, Harmonien, Rhythmen und Sounds, werden als akustische Reize in der neuronalen Verarbeitung auf Grund von Vorerfahrungen emotional bewertet.

Die emotionalen Filter sind unserer Wahrnehmung also nicht nachgeschaltet, sondern bilden selbst einen Teil von ihr. Wir nehmen nicht einen Klang wahr und bewerten ihn dann emotional als schön oder nicht schön. Dass wir ihn überhaupt wahrgenommen haben, verdanken wir vielmehr einer vorangegangenen positiven emotionalen Bewertung im Prozess der Wahrnehmung.

Es ist also wichtig, einem Kind ein breites Klangangebot zu machen, aus dem es sich die für ihn passenden Klänge auswählen kann. In erster Linie sind das musikalische Klänge, aber auch ganz allgemein Sounds und Geräusche aus der Natur, dem Tierreich, der Stadt, der Umwelt und dem eigenen Wohnbereich.

Wir sitzen um den Recorder herum. Eine Sirene ertönt. Wo hören wir ein solches Geräusch? Im Zoo? Auf der Straße! Von welchen Fahrzeugen kommt dieser Ton? Vom Feuerwehrauto und von der Polizei. Stimmt! Auch der Notarztwagen erzeugt so ein Geräusch.

Kinder nehmen solche Klangangebote wahr, beschreiben sie, ahmen sie kreativ nach und interpretieren sie vokal und instrumental. Auch vor dem Recorder bleibt es nicht nur beim Erkennen. Die Kinder verwandeln sich selbst in Feuerwehrautos und ahmen die Sirenen nach.

Das Gehörte kann auch in andere Medien umgesetzt werden, zum Beispiel beim Malen oder in der szenischen Darstellung. Ertönen etwa die Originalklänge eines brüllenden Tigers von einer CD, verwandeln sich die Kinder in Tiger und kriechen brüllend durch den Raum. Später wird daraus eine Zirkusvorstellung.

Kinder erfahren durch solche Wahrnehmungsspiele ein breites Spektrum an vielfältigen Klangeindrücken und lernen, sie zu diffe-

renzieren. Sie finden Unterschiede und Gegensätze bei den Klangbeispielen und lernen, sie nach ihren Vorstellungen zu kombinieren. Gleichzeitig werden dadurch Klang-Fantasien und Vorstellungen aktiviert.

Ein gutes Wahrnehmungsspiel ist auch das Tönesammeln: Wir gehen mit dem Recorder aus unserem Musikraum in die anderen Bereiche des Kindergartens und sammeln Töne. Willy entdeckt die Klospülung als Klangquelle und Fabian die verschiedenen Geräusche, die entstehen, wenn der Wasserhahn ganz oder nur halb aufgedreht ist. Draußen im Garten werden wir uns bewusst, dass wir leise sein müssen, um den Gesang der Vögel aufnehmen zu können. Nach und nach nehmen wir alles auf. Wieder im Musikzimmer wird daraus eine Art Ratespiel: Wer hat das aufgenommen? Was war das doch gleich für ein Klang?

Zu diesem vielfältigen Angebot an Tönen und Klängen gehört auch das Kennenlernen von vielschichtiger und komplexer Musik aus einem breiten musikalischen Spektrum von Oper bis Jazz, von Weltmusik bis Pop. Das geschieht live und von Tonträgern, aber auch beim Besuch von Musikveranstaltungen, beim Hören der CD des Monats (die immer wieder gespielt wird) bis hin zum Musikrepertoire, das im Kindergarten gesungen wird. Solche musikalischen Angebote müssen wir den Kindern immer wieder und wieder machen. Durch die spielerische Aneignung eines weiten musikalischen Spektrums werden gleichzeitig die kognitiven Fähigkeiten, etwa das Gedächtnis, gefördert.

Langfristig führt diese Auseinandersetzung mit vielfältigen und vielschichtigen Klangimpressionen zu einer Sensibilisierung des Gehörsinns hinsichtlich musikalischer Parameter wie Tonhöhe und -dauer, Lautstärke, Klangdichte, Melodie, Harmonie, Rhythmus, Klangfarbe und Obertöne. Besonders die Wahrnehmung der elementaren musikalischen Parameter werden gefördert: hoch – tief, laut – leise, Klangereignis – Stille, lang – kurz, regelmäßig – unregelmäßig, wiederholend – einmalig, hell – dunkel, warm – kalt, hart – weich, schrill – sanft. Wo erklingt die Musik im Raum? Vorne – hinten, rechts – links.

Wahrnehmung heißt natürlich auch immer ästhetische Wahrnehmung. Die klangliche

und ästhetische Wahrnehmung des Kindes sollte nie unterschätzt werden. Es ist oft erstaunlich, welche Musik Kinder mögen und wie unterschiedlich die Lieblingslieder der Kinder sind.

Als Lukas (fünfeinhalb Jahre) an einem Laden vorbeikam, aus dem türkische Popmusik von Tarkan erklang, blieb er wie angewurzelt stehen und meinte: »Mama, das ist so schön, oh, wie schön ist das!« Er wollte partout nicht weitergehen. Dustins (sechs Jahre alt) Lieblingslied war der »Hawaiian Name Chant«, der, wie der Name schon sagt, aus Hawaii stammt, und Leons (fünf Jahre) persönlicher Favorit war der Titel »The Passenger« von Iggy Pop, aber dazu später mehr.

You got to move!

Körper und Bewegung

Beschäftigen wir uns mit Musik, sehen wir schnell: Musik hat immer auch mit dem Körper, mit Bewegung, Gefühlen und Ausdruck zu tun. Schon auf elementarer körperlich-

vegetativer Ebene lässt sich die Wirkung von Musik zeigen: Durch Musik werden der Atemrhythmus und der Spannungsgrad der Muskeln messbar beeinflusst.

Musizieren ist Bewegung. Jedes Instrument erfordert eine bestimmte Bewegung, um ins Klingen zu kommen: die unterschiedlichen fein- und grobmotorischen Hand- und Armbewegungen beim Spielen des Instruments, die spezifischen Körperhaltungen sowie bestimmte muskuläre (An-)Spannungen. Nicht zuletzt ist Musik ein Feld für das Ausagieren von Bewegungsfreude. Musikalische Bewegung ist ein Ausdrucksmittel des ganzen Körpers.

Immer noch spukt in vielen Köpfen ein Vorurteil herum. Die adäquate und angemessene Weise, Musik zu schätzen, sei, ihr ruhig und still zuzuhören. Die abendländische Kunstmusik hat dieses Paradigma lange verbreitet. Musik als Kunstform sei etwas Ernstes, etwas, zu dem es unschicklich sei, zu tanzen. Heute wissen wir: Der Musik stillsitzend und unbeweglich im Konzert zuzuhören ist eine abendländische Sonderentwicklung. Es ist eine Weise, Musik zu hören, aber eben nicht die einzige. In fast allen anderen Musikkulturen dagegen wird Musik ganzheitlich gehört, erfahren und erlebt: geistig, emotional und körperlich. Tatsächlich haben erst der Jazz und später die Rockmusik und Techno-Bewegung dem Abendland gezeigt, dass Bewegung, Tanz und Kunst, Musik und Körper keinerlei Widerspruch darstellen.

Bei Kindern können wir sehen, dass die Wahrnehmungen von musikalischen Eindrücken sehr oft direkt in Bewegung umgesetzt werden. Erklingt Musik, fangen viele Kinder spontan an zu tanzen. Gute Freunde und Freundinnen nehmen sich an die Hand und tanzen zu zweit durch den Raum. Durch das

Spüren, Erkennen und Beobachten der Beziehung von Klang und Körper erfahren die Kinder die rhythmischen, dynamischen und melodischen Strukturen als Wechselwirkungen zwischen Musik, Bewegung und Tanz, vor allem in den musikalischen Parametern schnell – langsam, kurz – lang, laut – leise und kraftvoll – weich. Die taktile, visuelle und auditive Wahrnehmung wird so sensibilisiert und entwickelt.

Kinder entdecken vielfältige Spielbewegungen und Bewegungsmöglichkeiten und lernen, sie zu benennen, mit ihnen zu spielen, sie zu gebrauchen und miteinander zu verbinden – durch das Spiel der Bewegungen von Tieren, Menschen, Gegenständen oder auch medialen Figuren. Die körperliche Orientierung im Raum führt dabei zur Erfahrung von Raum und Raumaufteilung und zum Suchen, Finden und Halten des Gleichgewichts (allein, mit

spiel beim Klatschen und bei der Fuß-Perkussion).

Für diese Erfahrungen bedarf es in der praktischen Anwendung meist nur sehr weniger Vorgaben. Sinnvoll ist es, die Bewegungseinheit durch ein Anfangs- und Endritual zu markieren, zum Beispiel durch die Vorgabe, dass die Kinder zu Beginn und am Schluss der Musik auf dem Boden liegen. Jenseits dieser wenigen Vorgaben ist jedes Kind frei zu tanzen, wie es empfindet. Es kommt dabei nicht darauf an, dass eine vorgegebene Choreographie umgesetzt wird, sondern dass jedes Kind sein eigener Choreograph ist; dass die eigenen Vorstellungen, Gefühle, Aktivitäten, die eigene Kreativität und Ideen umgesetzt und ausgedrückt werden.

Oft werden diese Choreographien der Kinder von den Erwachsenen nur als »Herumtoben« wahrgenommen. Das von den Erwachsenen negativ belegte Wort »Herumtoben« bedeutet aber für die Kinder nichts anderes, als sich in ihrer Fantasie und ihrem Bewegungsdrang frei und voller Freude ausleben zu können. Eine Fähigkeit, die wir Erwachsenen meistens nicht mehr besitzen. Tatsächlich handelt es sich um die wichtige Erfahrung des eigenen Körpers in Bezug auf Energie, Ausdruck und Rhythmus. Sie dient gleichermaßen der Schaffung eines positiven Körpergefühls wie einer positiven Bewertung der Beziehung von Körper und Musik.

Partner und mit Objekten). Auch der Wechsel von Spannung und Entspannung sowie der Umgang mit der eigenen Energie wird so spielerisch erfahren. Die Beschaffenheit des Körpers wird entdeckt und kennen gelernt. Körperteile werden wahrgenommen, gespürt, benannt und ihr differenzierter Gebrauch wird von den Kindern erlebt. So lernen sie auch die körpereigenen Instrumente kennen und beginnen, sie zu gebrauchen (zum Bei-

In der Stille spielt die Musik

Klang, Emotionen und Entspannung

Cuka, 3 Jahre, Fiedel

Der Bereich Klang und Entspannung ist eingebettet in den komplexen Bereich der emotionalen Wirkung von Klängen und Tönen auf den Menschen. Musik beeinflusst, fördert und erzeugt unterschiedliche Gefühle, Stimmungen und Emotionen. Das Emotionale ist ein wesentlicher Bestandteil von Musik. Sie unterstützt emotionale Gestimmtheit oder lenkt sie um. Menschen nutzen dies, indem sie Musik hören und spielen, die sie erfreut, tröstet, beruhigt, aktiviert, motiviert oder aufputscht.

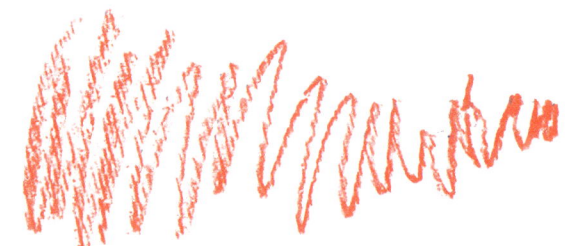

Lea, 4 Jahre

Auch die emotionalen Welten der Kinder werden von Musik angesprochen. Es ist deshalb wichtig, einem Kind schon früh auch in diesem Bereich Eigenkompetenz zu vermitteln: Welche Musik tut mir gut? Welche Musik will ich jetzt hören und welche nicht? Was tut sie mit mir? Ein Kind lernt so, seine musikalische Umwelt aktiv selbst zu gestalten.

Cuka, 3 Jahre, Sirene

Es gibt in der Musik kein festgelegtes musikalisches Alphabet, das bestimmt, welcher Klang bzw. welche Musik welches Gefühl erzeugt bzw. beeinflusst, auch wenn dies immer wieder und gerade in Verbindung mit Entspannungs-CDs behauptet wird. Die Wirkung von Musik ist ein subjektiver und individueller Vorgang, der bei jedem Menschen anders verlaufen kann. Welche emotionalen Reaktionen durch Musik ausgelöst werden, ist von vielen Faktoren abhängig: von der musikalischen Sozialisation des Hörenden, der Hörsituation, der Musik und der momentanen Stimmung des Hörenden, um nur die wichtigsten zu nennen. Fröhliche, traurige, aggressive oder entspannende Musik gibt es immer nur in einem bestimmten situativen, individuellen und kulturellen Kontext.

In vielen Kindergärten findet man so genannte Entspannungs-CDs oder -Kassetten. So gut sie auch gemeint sind: Entspannung ist kein Produkt, das Menschen einfach kaufen

Willy, 4 Jahre

können. Was Entspannungs-CDs können, sind so genannte Soundscapes, also Klanglandschaften, zu schaffen, die eine entspannte und ruhige Raumatmosphäre erzeugen. Im eigentlichen Sinne bedeutet Entspannung aber mehr, nämlich den Bewusstseinsstrom unserer Gedanken und Gefühle zur Ruhe kommen zu lassen. Wenden wir uns dieser Form Entspannung zu, wie sie zum Beispiel in Indien schon seit mehr als 2500 Jahren im Yoga praktiziert wird, so benötigen wir bestimmte Entspannungstechniken. Ein weit verbreiteter Ansatzpunkt für Entspannung ist der Atem. Eine Vielzahl von Entspannungs- und Meditationstechniken beginnen beim Atmen.

Wir können folgende Übungen mit den Kindern im Liegen oder Sitzen machen, die Form im Liegen ist die einfachere Methode. Es ist empfehlenswert, solche Übungen immer nach einer Bewegungseinheit zu machen. Wir holen uns Decken und machen es uns darauf bequem. Wir schließen die Augen. Die Musikerzieherin spricht die Worte sanft und langsam: »Wir spüren, wie der Atem an unsere Nasenspitze kommt und geht. Wir lassen alle Gedanken und Gefühle los. Wir denken nicht an das leckere Essen nachher oder daran, was wir nachher mit unserem besten Freund spie-

len wollen. Das alles hat Zeit. Wir spüren nur, wie wir ein- und ausatmen. Wir legen unsere Hände auf den Bauch. Jetzt fühlen wir, wie sich der Bauch beim Einatmen hebt und beim Ausatmen wieder senkt. Wir fühlen, wie uns beim Ausatmen alle Anspannungen, Sorgen und Ängste verlassen.«

Eine solche Atemübung lässt sich, wenn die Kinder sie gut kennen, auch mit Farb- und Klangvorstellungen verbinden: »Wir stellen uns klares, helles Licht vor unserer Nasenspitze vor, das wir einatmen. Langsam strömt es in unseren Bauch, verwandelt sich dabei in strahlendes, rotes Licht. Langsam atmen wir wieder aus und erneut verwandelt sich das Licht: diesmal in blaues, das uns wieder verlässt.«

Solche Atem- und Entspannungsübungen sind kleine Farbtupfer in der musikalischen Früherziehung, die zwischendurch eingebaut werden und oft nur einige Minuten dauern. Wir sollten sie nicht zu lange ausdehnen. Ein Musikerzieher braucht hier Intuition, um die Entspannungsübungen entsprechend der Befindlichkeit der Kinder einzusetzen und sie eventuell zu verkürzen oder auszudehnen. Solche Übungen dienen auch dazu, bei Kindern ein Gefühl für die bewusste Atmung beim Singen und Sprechen zu schaffen.

Malen nach Musik

Eine andere Art von Entspannung ist das Malen nach Musik. Die enge Verbindung von Musik und Malen drückt sich schon im Begriffspaar Farbtöne und Klangfarben aus. Malen nach Musik wird oft so verstanden, dass die Kinder sitzen und malen und im Hintergrund läuft eine CD. Malen nach Musik im eigentlichen Sinne ist aber eher als Anfertigung einer Skizze zu verstehen, auf der die spontanen Eindrücke beim Hören von bewusst ausgewählter Musik festgehalten werden. Es müssen dabei nicht unbedingt Gemälde entstehen. Als Spielvariation kann man den Kindern dabei in Zeitintervallen von ca. fünf bis zehn Minuten jeweils in Verbindung mit einer neuen Klangimpression neue Blätter geben.

Sehr interessant waren die Malvariationen von Luka (drei Jahre), Willy (drei Jahre) und Iain (vier Jahre), die hier abgebildet sind.

Solche Skizzen besitzen mindestens zwei Dimensionen des Ausdrucks: Linien und Formen geben der Bewegung Ausdruck, während Farben oft Gefühle und Atmosphäre ausdrücken. Der Sinn, sich auf diese Weise künstlerisch auszudrücken, besteht darin, einen Eindruck, eine Empfindung, ein Gefühl zu konkretisieren und bewusst zu machen. Gleichzeitig stärkt der Prozess das Erinnerungs- und Unterscheidungsvermögen und fördert Konzentration und Aufmerksamkeit. Denn erst wo Aufmerksamkeit entsteht, ist Entspannung möglich.

Auf den Bildern ist Musik festgehalten, und aus Klängen werden Zeichen. Lustige, glucksende Klänge können zu Kringeln werden, und energisches Stakkato wird mit kräftigem Zickzack wieder gegeben. Nimmt man sich später die Bilder wieder hervor und holt seine Instrumente, kann man die Musik sogar wieder nachspielen, indem man seine Gefühle zu den Zeichen in Musik umsetzt. Musik wird zum Bild und aus dem Bild wird Musik.

Rhythmus und Farbe

Ein besonderes Projekt zum Thema Musik und Farben haben die Pädagoginnen Petra und Julia bei sommerlichen Temperaturen im Atelier des Kindergartens Sonnenstrahlenhaus durchgeführt. Auf dem Boden liegen große weiße Blätter. Daneben stehen Schalen mit

Wasser und Farben. Julia steppt. Der Rhythmus erfüllt den Raum. Die Kinder beginnen, ihn in ihre Malbewegungen aufzunehmen. Jedes Kind wählt sich dazu eine eigene Farbe. Spuren entstehen und bald finden die Kinder ihren eigenen Rhythmus. Sie bewegen ihren Körper bewusst, erste kleine, improvisierte

Tanzchoreographien entstehen. Die glitschige, sahnige Farbe fordert Balance. Jetzt begleitet Musik die Aktion. Gemeinsam mit der Farbe löst sie bei den Kindern freie lebendige Körperbewegungen aus. In Gestik und Mimik bringen die Kindern ihre Freude und innere Anteilnahme am Geschehen zum Ausdruck.

Musik, Tanz und Rhythmus nehmen dem Körper die Schwere und wecken die Lust, über sich selbst hinauszuwachsen. Die Farben unterstützen dieses Gefühl durch Konsistenz und Leuchtkraft. Die Kinder legen sich jetzt seitwärts und rückwärts in die Farben und vermischen sie so. Der Rhythmus unterstützt das, fast scheint er ein solches Agieren zu fordern: Malen mit dem ganzen Körper, Drucken mit den Füßen. Am Ende entstehen pastellfarbene Rutschwassergemälde.

Dann werden im Garten, in der heißen Sonne, die Farben durch das Trocknen quasi »angezogen«: Naomis gelber Badeanzug sitzt hautnah am Körper. Kalte Farben, warme Farben – sieht man das nur oder spürt man das auch?

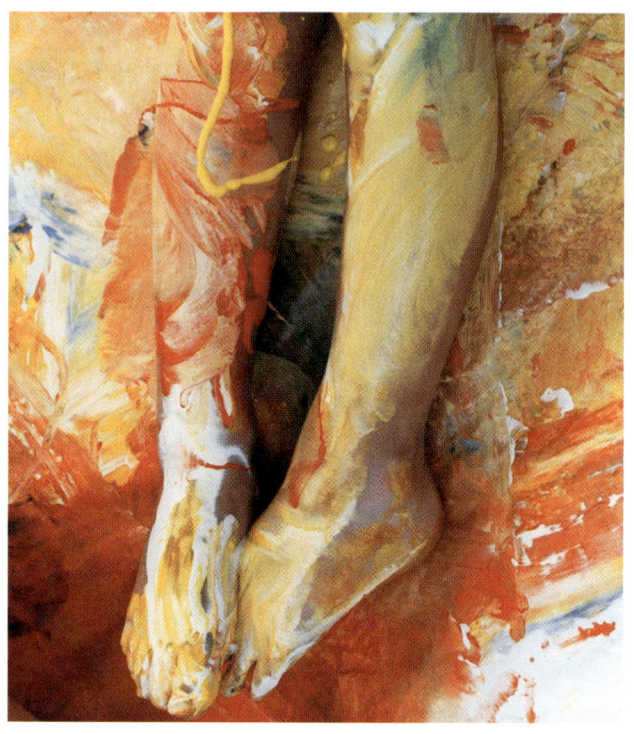

Urwaldkonzert

Ein weiteres Projekt von Petra zum Thema Musik und Malen fand einige Zeit später in einem anderen Kindergarten statt.

Petra erzählt von ihrem Besuch einer Ausstellung mit Werken von Wassily Kandinsky. Ein Bild hat ihr besonders gefallen. Der Maler hat es nach der Musik eines befreundeten Musikers gemalt. Ob wir das hier auch können, nach einer Musik ein Bild entstehen zu lassen? Aber welche Töne haben eigentlich die Farben? Haben Farben überhaupt Töne?

Die Kinder stellen die Farbschalen nebeneinander und vergleichen: Welche Farbe ist höher und tiefer? Ist orange tiefer als blau? Gelb höher als rot? Die Kinder machen Vorschläge. Petra stellt die Farben entsprechend nebeneinander.

Eine Art Farbenmelodie entsteht. Können wir sie summen? Einige Kinder können es!

Aber nun geht es los. Ein großes weißes Blatt liegt auf dem Boden bereit. Das Stück »Amazonas« erklingt. Langsam wachsen die Farben. Immer größere Teile unseres Papiers verwandeln sich in Farblandschaften. Die Farben der Kinder begegnen und mischen sich, manchmal wird eine Farbschicht von einer neuen überdeckt. Ein Urwald mit verschiedenen Gebieten entsteht, die mit dem Pinsel erkundet werden. Hier ist ein Fluss, über die Lianenbrücke klettern wir hinüber. Wer hat sich denn hinter diesem Baum versteckt? Hier ist der Dschungel voller bunter Blumen, und was sind das für Früchte, ob man die wohl essen

kann? Aber was kommt von dort drüben? Das hört sich wie ein Tiger an, nichts wie weg! Schnell auf den braunen Berg hinauf, von oben haben wir eine gute Übersicht.

Den Kindern gefällt ihr Kunstwerk sehr. Petra fragt: Können wir es jetzt wieder mit Musik verbinden? Die Kinder nehmen sich Instrumente und stellen sich mit ihnen zu den Landschaften, die ihnen am besten gefallen.

Wer möchte als Erster unsere Urwaldklänge erkunden? David meldet sich sofort. Als er zum Fluss geht, erklingt dort die Triangel, die Henriette spielt. Bei den Blumen hört man das Xylophon und dort, wo der Tiger wartet, trommelt Alina. Ein richtiges Urwaldkonzert entsteht, je nachdem wie David sich im Wald bewegt. Wir tauschen Instrumente und Rollen. Nie klingt unser Urwald gleich!

Die Regenbogencombo

Musikmachen, Musizieren und Improvisation

Zunächst einmal: Musik machen können wir alle, nicht nur Musikprofis, die täglich stundenlang üben und ihr Geld damit verdienen. Zum Musikmachen brauchen wir weder komplizierte Rhythmen noch komplexe Harmonien und schwierige Melodien, wir müssen auch nicht Meister auf unseren Instrumenten sein. Wir brauchen eigentlich nur Freude und Begeisterung dafür.

Musikinstrumente wie Klavier, Gitarre, Xylophon oder Trommeln sind im Grunde einfach zu spielen oder präzise ausgedrückt: einfach zum Klingen zu bringen. Lange üben müssen wir erst, wenn wir Kompositionen anderer Künstler nachspielen oder aufführen wollen. Aber das wollen wir zunächst einmal gar nicht, wir wollen mit Kindern zusammen Musik machen. Aber wie geht das eigentlich? Und was heißt das, zusammen Musik zu machen, zusammen zu spielen?

Das gemeinsame Musizieren kann als eine grundlegende Charakteristik des Menschen bezeichnet werden. Es ist auf der Erde praktisch keine Kultur bekannt, die nicht in der einen oder anderen Form musiziert. Wie die Musikprofessoren Rolf Oerter und Herbert Bruhn festgestellt haben, lassen sich dabei für das Musikmachen bei allen musikalischen und kulturellen Unterschieden folgende Gemeinsamkeiten finden:

- Musik ist an Regeln gebunden, die kulturell festgelegt sind und vom Musizierenden im Laufe seiner musikalischen Entwicklung nach und nach übernommen werden.
- Musik ist eine Folge von akustischen Schwingungen, deren Bedeutung kulturell festgelegt ist.

- Was in den einzelnen Kulturen als Musik bezeichnet wird, ist sehr verschieden. Deshalb ist Musik, entgegen oft geäußerter Ansichten, auch keine universale Sprache, die alle Menschen immer gleich verstehen.
- Musik dient oft der Herstellung eines gemeinsamen Gruppenerlebens, eines Wir-Gefühls.

Wollen wir also zusammen musizieren, muss klar sein, dass wir das alle wollen und uns über einige Spielregeln, wie wir das tun wollen, vorher verständigt haben.

Für Kinder zwischen drei und sechs Jahren ist das Spiel die bevorzugte Aktivität. Das Spielen mit den Klangmöglichkeiten ihrer Umwelt, mit Klängen, Tönen und Geräuschen ist ein selbstverständlicher Bestandteil ihrer Handlungen.

Beim Musizieren erleben und erfahren die Kinder den Klang der Instrumente und probieren selbst das Spiel mit ihnen aus. Dadurch werden sie mit dem Gebrauch der Musikinstrumente vertraut. Sie erwerben instrumental-manuelle Grunderfahrungen und Fertigkeiten (Handlungskompetenz) und lernen, mit Instrumenten in klanglich und dynamisch differenzierter Weise umzugehen. Diese Bekanntschaft mit Instrumenten motiviert Kinder zum Erlernen eines Instrumentes.

Musizieren ist eine soziale Handlung und geschieht in und durch Spielaktionen allein oder in der Gruppe durch Ausprobieren, Nachahmung, Improvisation, Reproduktion und geplante Gestaltung. Besonders wichtig ist das Spiel in der Gruppe. Der gemeinsame Bezug wirkt hier beziehungsstiftend. Beziehungen

zum Partner und zur Gruppe werden aufgebaut. Das Kind lernt, die anderen wahrzunehmen, auf sie zu hören, mit ihnen in Kommunikation zu treten, auf sie zu reagieren und sich mitverantwortlich für den Ablauf des Gruppenprozesses zu fühlen. Das gemeinsame Musizieren kann harmonisch verlaufen, bei dem die Kinder ihr Nähe- und Distanzbedürfnis aufeinander abstimmen, gemeinsam handeln, Wissen und Erfahrung teilen und damit gemeinsame Erlebnisse schaffen. Gemeinsames Musizieren fordert und fördert aber auch Auseinandersetzung und damit Integrations-, Anpassungs- und Durchsetzungserfahrungen. Zum gemeinsamen Musizieren gehört auch, als Partner und Gruppe verantwortlich auf die Einhaltung der Regeln zu achten.

Gemeinsame Spielregeln beim Musizieren sind:
• der gemeinsame Grundbeat, der für jeden verbindlich ist;
• Festlegung von Anfang und Ende eines Lieds oder der Improvisation;
• Regelung der Lautstärke, mit der wir musizieren wollen.
Fortgeschrittenere Regeln betreffen den Verlauf des Stücks (dynamische Veränderungen, zum Beispiel ein schnelleres Tempo am Schluss), das Arrangement (bei der Strophe wird nur geklatscht und beim Refrain spielen alle) oder die Aufteilung von Solo- und Begleitparts.

Betrachten wir nun einige Beispiele aus der Praxis:

Trommelvarianten

Wir wollen zusammen trommeln: Arthur (fünf Jahre), Cornelius (sechs Jahre), Svenja (sechs Jahre), Grete (sechs Jahre) und Simon (vier Jahre) haben sich im Kreis aufgestellt. Jeder hat seine Djembé vor sich. Die Gruppe kennt sich gut und kann gut miteinander umgehen. Wir beginnen damit, dass alle zusammen den Grundbeat, einen 4/4-Takt, durchschlagen. Wir erfahren: Was uns verbindet, ist der Rhythmus, das gemeinsame Schlagen der rhythmischen Impulse. Auch wenn einer einmal aus dem Takt »herausfällt«, ist immer die Gruppe da, die ihn auffängt.

Wir schreiten voran: Der Rhythmus wird aufgeteilt. Svenja schlägt die Eins, die anderen aus der Gruppe die Zwei, Drei und Vier. Dann wird gewechselt. Jedes Kind möchte einmal die Eins übernehmen. Wir machen die Erfahrung, die betonten Schläge von den unbetonten zu unterscheiden.

Wir gehen noch einen Schritt weiter und übertragen das, was wir in der Gruppe gemacht haben, auf unsere beiden Hände. Die rechte Hand schlägt jetzt die Eins und die linke die Zwei, Drei und Vier oder umgekehrt. Hat sich diese Basis gebildet, können wir die Rhythmen je nach Lust und Laune erweitern (zum Beispiel 3/4-Takt) und kombinieren (etwa mit einem Lied), wobei die Kinder beginnen, eigene Rhythmen zu erfinden

Das gemeinsame Trommeln bietet den Kindern Gelegenheit, emotionale Impulse mit der Trommel auszudrücken. Das gemeinsame Musizieren kann auf Kassetten oder Videos aufgenommen und später zusammen angehört oder angesehen werden. Es bietet so einen Gesprächsanlass. Wir können mit den Kindern über ihre Erlebnisse, Eindrücke, Freuden, Bewertungen, Enttäuschungen und Erfolgserlebnisse beim Musikmachen sprechen.

Gitarrenduo

Leon (fünf Jahre) setzt sich neben mich auf die Bank im Garten und beginnt, kontinuierlich die Gitarre anzuschlagen. Er benutzt dabei eine bestimmte Anschlagtechnik, bei der er oben am Anschlagloch mit seiner Faust beginnt und beim Heruntergleiten die Hand langsam öffnet und dabei die Saiten anschlägt. Ich steige mit meinem Gitarrenspiel darauf ein und langsam entwickelt sich eine Session über ein Akkordschema, wobei die einzelnen Schläge abwechselnd mit kontinuierlichem Rasqua-

do betont werden. Leon begibt sich in den Rhythmus und nach jeder kleinen Pause fordert er mich auf, das Stück erneut zu spielen. Wir erweitern unser musikalisches Spektrum, indem wir einzeln angezupfte Gitarrensaiten in unser Spiel dynamisch integrieren. So spielen wir über eine halbe Stunde, ohne dass Leon in seinem Enthusiasmus für unser Spiel nachlässt. Schließlich bemerkt er, dass seine Hand anfängt, leicht zu schmerzen, und wir beenden vorerst unser Spiel. Danach meint er, unser Lied habe sich so angehört wie ein Lied auf CD zu Hause. Ich frage ihn, von wem die CD ist. Er sagt: »Von Iggy Pop.« Ich bitte ihn,

diese CD am nächsten Tag mitzubringen. Am nächsten Tag bringt er die CD mit. Wir legen sie in den Recorder und lauschen den ersten Takten. Leon beginnt, sich zum Rhythmus des Lieds zu bewegen. Wir fangen an, den Takt dazu zu klatschen. Das wollen wir nun spielen. Wir holen unsere Gitarren, setzen uns wieder auf die Bank im Garten und beginnen »The Passenger«. Ein kleine Traube von Kindern bildet sich um uns. Beim Refrain fängt Leon an mitzusingen. Seine linke Hand kann die Akkorde nicht greifen, aber seine rechte Hand führt das rhythmische Muster des Liedes aus. Auf seinem Gesicht und an seinen

starken Aufforderungscharakter. Das Musizieren ermöglicht es dem sonst eher stillen, schüchternen und zurückhaltenden Leon, aus sich herauszugehen, sich auf die Musik einzulassen und seine innere Befindlichkeit körperlich und emotional auszudrücken.

Melodiebausteine

Beim nächsten Beispiel steht das gemeinsame Melodiespiel am Xylophon im Vordergrund. Wir sitzen zusammen im Kreis. In der Mitte steht das Xylophon. Als Vorgabe konzentrieren wir uns nur auf die Noten der Pentatonik, also werden nur die Klangstäbe e, d, g, a und h benutzt. Die Klangstäbe werden beiseite gelegt und dann »gemischt«. Der Reihe nach wählt sich jedes Kind einen davon aus und legt ihn auf eine beliebige Stelle auf dem Xylophon. Nach und nach entsteht so eine Melodie. Sind alle Stäbe aufgebraucht, hören wir uns das Gesamtergebnis an. Jeder spielt die Melodie einmal durch. Wie klingt sie? Wie hört sich ihr Verlauf für uns an? Leonie schlägt vor, einen Ton noch zu ändern, denn es klingt besser, wenn hier ein längerer Stab liegt. Und was ist, wenn wir jeden Ton zwei Mal nacheinander erklingen lassen? Mit diesem kurzen Stab am Anfang, der zwei Mal angeschlagen wird, klingt es am schönsten, meint Freya. Die Kinder finden heraus, dass die Länge der Stäbe mit der Höhe bzw. Tiefe der Töne zu tun hat. Auch hier gehen Erfahrung, Lernen und Spiel Hand in Hand.

Bewegungen ist abzulesen, wie viel Freude es ihm macht, im Rhythmus, im Groove des Liedes zu sein und es auf der Gitarre zu spielen.

Er geht aus sich heraus und entwickelt so viel Freude, dass es schwer für ihn ist, damit aufzuhören. Auf Leons Aufforderung hin spielen wir den Song ein Mal, zwei Mal, drei Mal und ein viertes Mal. Und jedes Mal erweitern wir unser musikalisches Arrangement: die dynamischen Veränderungen bei Strophe und Refrain, Stopps und Betonungen in der Bridge. Wir erfahren den auffordernden Rhythmus des Lieds, seinen eingängigen Refrain und das immer wiederkehrende Grundriff mit seinem

Improvisation mit Körper, Stimme, Bewegung und Instrument

Improvisationen sind freie musikalische Spielhandlungen, die den notwendigen Gegenpol zu strukturierten Formen des Zusammenspiels darstellen, wie sie in den Beispielen geschildert wurden. Improvisationen dienen als Freiraum, um den persönlichen Ausdruck zu entdecken. In jedem kreativ arbeitenden Ensemble ist die freie Improvisation ein wichtiges Mittel, um aus eingefahrenen Strukturen und Gewohnheiten auszubrechen und neue Arten des musikalischen Ausdrucks zu finden und zu erproben. Es ist deshalb wichtig, diese kreative Methode auch in der musikalischen Früherziehung anzuwenden. Je weniger allge-mein verbindliche Regeln dabei vorgegeben werden, umso größer ist der Freiraum für die kreativen Leistungen der Kinder. Improvisationen als freie Spielhandlungen sind immer von schöpferischen Elementen durchsetzt und beziehen gerade daraus ihren Reiz. Die Beteiligten wissen nicht, welchen Verlauf, welche Richtung das Spiel nehmen wird. Spontanes und flexibles Reagieren, das Hören auf die Mitspieler und das Wahrnehmen des Gesamtspiels sind die elementaren Bestandteile der Improvisation.

Beispiel:
Trommelimprovisation über das Thema »Die Affen rasen durch den Wald«

Eine Gruppe von sechs Kindern, jedes mit einem Musikinstrument, improvisiert gemeinsam. Zuerst nehmen die Kinder sich aus dem Musikschrank ein Instrument ihrer Wahl. Sie beginnen, es im freien Spiel zum Klingen zu bringen. Der ganze Raum ist erfüllt mit Klängen, Tönen und Sinnesreizen. Die verschiedensten akustischen Ereignisse sind zu hören. An Bewegung, Gestik und Mimik ist die innere Anteilnahme der Kinder an der Improvisation zu sehen. Sie spüren sich selbst, das Vibrieren der Musikinstrumente in den eigenen Händen, ihren Körper. Sie baden in einem Meer von Klängen und Schwingungen. Sie nehmen beim Agieren mit ihren Instrumenten über die Sinnesorgane eine Vielzahl von auditiven, visuellen, taktilen, kinästhetischen und vestibulären Reizen und Eindrücken auf. Erinnerungen an früheres Musizieren und Erfahrungen von vorangegangenen Sessions werden wach. Die

Improvisation löst unterschiedliche Reaktionen aus. Ein Kind hält sich mit den Händen die Ohren zu, ein anderes lauscht versunken den Tönen. Zwei andere Kinder strahlen über das ganze Gesicht und spielen zusammen auf ihrer Lieblingstrommel. Eines beginnt, sich zur Musik im Raum zu bewegen. Es ist wichtig, im anschließenden Gespräch mit den Kindern über ihre Erfahrungen zu sprechen.

Freie Improvisation ist ein mit Vorurteilen belasteter Bereich der musikalischen Früherziehung. Der Sinn von Improvisationen ist Eltern und Erzieherinnen oft nur schwer zu vermitteln. Es scheint ihnen teilweise nicht klar zu sein, was hier eigentlich geschieht. Für viele ist die Improvisation wohl nur Krach. Wir dürfen uns von dieser Meinung aber nicht entmutigen lassen. Stattdessen sollten wir den Kindern diesen Freiraum immer wieder anbieten und das Unverständnis zum Anlass für Fragen nutzen: Von welcher Perspektive nehmen wir das musikalische Handeln der Kinder wahr und bewerten es? Richtet sich unsere Betrachtungsweise auf das musikalische Erleben der Kinder, auf ihre musikalischen Handlungen oder auf das erklingende Musikstück? Es sollte deutlich werden, dass in der Improvisation alle Ebenen eine wichtige Rolle spielen.

Von Bambusbären, Motorrad fahrenden Omas und Flugsaurierdrachen

Musik- und Klangreisen

Es ist ein oft zu beobachtendes Phänomen, dass Kinder die Fähigkeit besitzen, der Fantasie in ihren Vorstellungen und ihrem musikalischen Tun freien Lauf zu lassen. Das Kind entwickelt dadurch Kreativität und Spielimpulse. Als besonderes Merkmal der musikalischen Früherziehung werden bei den Musik- und Klangreisen diese Spielimpulse musikalisch umgesetzt, interpretiert und weiterentwickelt. Klangreisen gibt es in vielen Varianten und Variationen. Zum Beispiel haben wir in unseren Musikstunden die Vogelhochzeit von Rolf Zuckowski musikalisch und szenisch umgesetzt. Die Geschichte war durch die Anordnung der Lieder dramaturgisch vorgegeben und jedes Lied wurde mit Gestik, Mimik, Bewegung und Materialien von den Kindern in Szene gesetzt und gespielt: der Bau des Nests, das Werben um einen Partner, das Brüten, das Schlüpfen der Jungen, die Nahrungssuche und das Größerwerden und Abschiednehmen der Jungen von den Eltern.

In einer anderen Musikreise wurden die Strophen des Lieds »Meine Oma fährt im Hühnerstall Motorrad« in einer Erlebnislandschaft für die Kinder greifbar und erfahrbar. Jeder Strophe entsprach dabei ein Ort im Raum, der entsprechend dem Stropheninhalt gestaltet wurde.

Gab es bei diesen Klangreisen jeweils eine Vorlage in Form von einem Lied bzw. einem Liederzyklus, kann eine Klangreise auch spontan und improvisiert sein.

Im nächsten Beispiel gingen Impuls und Idee allein von den Kindern aus:

Arthur (fünf Jahre), Dennis (fünf Jahre), Simon (vier Jahre) und Fabian (vier Jahre) beginnen damit, ihre Trommeln auf eine Decke zu packen und durch den Raum zu ziehen. »Wo wollt ihr denn damit hin?« »Natürlich auf eine Expedition zum Nordpol.« Zum Nordpol! Aha! Da sind wir aber schon eine Weile unterwegs. Wir beginnen, ein Lied zu improvisieren, um unseren anstrengenden Marsch durch die Eiswüste mit einem anspornenden Lied zu unterstützen: »Noch ist es weit zum Nordpol, aber mit einem Schritt und noch einem Schritt und noch einem Schritt und noch einem Schritt kommen wir irgendwann dort an.« Schließlich

schaffen wir es nicht an einem Tag. Wir müssen übernachten. Die Kinder beginnen ein Trommelzelt zu bauen. Sie holen die Trommeln von der Decke, stellen sie im Viereck auf und legen das Tuch darüber. Alle kriechen hinein und legen sich schlafen. Am anderen Morgen, als die Sachen wieder auf den Schlitten gepackt werden, droht Gefahr: Eisdrachen wollen uns den Proviant rauben. Die Kinder verwandeln sich schnell in kampflustige Sonnenmonster, die die feindlichen Iglus der Eisdrachen schmelzen lassen und sie so in die Flucht schlagen. Wir ziehen weiter. Arthur kommt auf eine neue Idee. Er zieht sich ein Tuch über den Kopf. Ein Gespenst hat jetzt ein Kind gefangen und geht drohend auf unsere Reisegruppe zu, um weitere Kinder zu holen. Was nun? Wir müssen handeln, schnell! Dennis beginnt zu trommeln. Die anderen stimmen ein. Immer lauter und lauter wird unsere Trommelmusik. Das Gespenst bekommt immer mehr Angst. Schließlich läuft es weg und auf seiner Flucht – schwupps – gibt es Arthur wieder frei. Jedes Kind möchte jetzt einmal vom Gespenst gefan-

gen werden. Wir spielen unsere Trommeln und jedes Mal wird das Gespenst wieder besiegt! Endlich sind wir am Nordpol angekommen. Ein Trommelzelt reicht hier nicht mehr, wir müssen jetzt sogar ein Trommeliglu bauen. Mit dem Feueratem der Sonnenmonster erwärmen wir unseren Proviant, essen ihn und erzählen uns dabei unsere spannenden Erlebnisse von unserer Reise zum Nordpol.

Eine Klanggeschichte kann sich über Wochen hinziehen, wenn die Kinder immer neue Ideen und Einfälle entwickeln. Für Linus, Leon und Anton (alle drei Jahre alt) war der Favorit ihrer Klang- und Musikreisen das Thema Drachen. Über mehrere Monate hinweg variierten und erkundeten sie es und schmückten es mit neuen Details und Einfällen immer weiter aus. Ein roter Tyrosaurusdrachen mit gelben Hörnern, ein weißer Stuhldrachen mit riesigen Flügeln, die Dinofamilie beim Essen in ihren selbst gebauten Höhlen, beim Angriff der gelben Mondkugeln und beim Musizieren auf dem Drachenfest. Der Fantasie sind auf Klang- und Musikreisen keine Grenzen gesetzt.

Musik und Computer

Über neue Freunde und alte Zöpfe in der musikalischen Bildung

Jedes musikalische Handeln steht im Spannungsfeld von Prozess und Ergebnis. Der wesentliche Unterschied zwischen Musik und Tanz und anderen in den Kindergärten verbreiteten Tätigkeiten wie Malen und Basteln ist, dass bei den zuletzt genannten Aktivitäten meist ein Resultat entsteht, das greifbar und sichtbar im Raum bleibt, beim Musizieren aber in der Regel nicht. Wird Musik nicht aufgenommen, bleibt sie lediglich als Erinnerung im Gedächtnis der dabei Gewesenen zurück. In erster Linie steht der Prozess des Musizierens im Vordergrund. Das fertige, zur Aufführung oder Aufnahme gedachte Musikstück kann Teil des Musizierens sein, da das Musizieren aber ein fortlaufender Gestaltungsprozess ist, ist das fertige Stück in der musikalischen Früherziehung nicht der Hauptzweck. Dieser Punkt erklärt die Schwierigkeiten, die bei der Vermittlung der Inhalte von musikalischer Früherziehung gegenüber Eltern, Teamkolleginnen und Trägern entstehen können.

Der prozessorientierte Ansatz, wie er in den letzten Kapiteln beschrieben wurde, konzentriert sich auf das Erleben der musizierenden Kinder. Musik ist für sie Spiel- und Handlungsfeld, Raum für Möglichkeiten des Erlebens und Gestaltens und gleichzeitig ein Mittel zur Förderung der sozialen, motorischen, emotionalen und kognitiven Kompetenzen der Kinder und der Erhaltung ihrer Gesundheit und Vitalität.

Im Gegensatz dazu steht beim ergebnisorientierten Ansatz das musikalische Werk – zum Beispiel eine Aufführung – im Vordergrund der Bemühungen. Wir sollten uns bewusst sein, dass eine Aufführung immer nur das sichtbare Endprodukt des musikalischen Entstehungsprozesses ist. Üblicherweise ist es aber genau dieser kleine Ausschnitt, der nach außen dringt und zur Bewertungsgrundlage des musikalischen Prozesses gemacht wird. Das Lied »Die Affen rasen durch den Wald« war für mehrere Wochen fester Bestandteil der Musikstunden. Es hatte in dieser Zeit viele Durchgänge, Varianten und Erweiterungen durch die Kinder erfahren. Oft war es auch Ausgangspunkt für eine Improvisation. Am »Tag der offenen Tür« hatte das Lied eine ganz andere Funktion, nämlich als Darbietung bzw. szenische Aufführung den Eltern vorgeführt zu werden.

Steht die Aufführungs- und Produktfunktion von Musik im Vordergrund, rückt naturgemäß die Vermittlung von Notenkenntnissen ins Zentrum der pädagogischen Anstrengung, wie es üblicherweise in der herkömmlichen musikalischen Früherziehung der Fall ist, da

Noten in der klassischen abendländischen Musik die Grundlage für musikalische Darbietungen sind. Schon 1965 äußerte sich allerdings John Cage, einer der bedeutendsten Komponisten des 20. Jahrhunderts, kritisch dazu: »Die herkömmliche Musikerziehung ist etwas, das jeden, dem das Leben allgemein am Herzen liegt, nur in Wut versetzen kann. Gleich welchen ihrer Aspekte du betrachtest: er lässt jeden sofort in Zorn geraten. Die Vorstellung, ein zartes Kind sollte angehalten werden, vor dem Klavier zu sitzen und Noten zu lesen ähnlich wie griechische und lateinische Worte, ist blödsinnig. Wenn das Kind die Musik nicht über alle Maßen liebt, wird es so nur recht bald lernen, sie auf ewig zu hassen. Es werden sich sofort seine Augen verkrampfen und seine Ohren verschließen. Dieses Spielen von Musik im Sinne der immer noch gängigen Musikerziehung hat überhaupt nichts zu tun mit der Freude am Klang. Es hat nur etwas zu tun mit dem Lesen, dem Lesen von etwas wie griechischen und lateinischen Worten. Doch für die Musik des 20. Jahrhunderts sind Noten nicht mehr erforderlich; sie sind nur für die früherer Jahrhunderte notwendig. Deshalb ist diese Art der Musikerziehung für unsere Kinder, die das Glück haben, im 20. Jahrhundert aufzuwachsen und unmittelbarer als in früheren Jahrhunderten ausgebildet zu werden, eine gewisse Form von gesellschaftlichem Irrsinn.«

Cages Worte gewinnen zu Beginn des 21. Jahrhunderts noch größere Bedeutung, da ca. 90 bis 95 Prozent der heute erklingenden Musik nicht nach Noten, sondern primär aus

Dustin Kühn

Squakman

gemacht in der Malschule am 12.04.2002

Arrangement

dem menschlichen Gedächtnis gespielt wird. Das traditionelle abendländische Speichermedium Noten ist heute weitgehend durch digitale Speichermedien (CD, DVD, Internet und Computer) ersetzt worden. Aber nicht nur als Speichermedium haben die traditionellen Notensysteme weitgehend ausgedient; auch fast jede zeitgenössische Kompositionsmusik entsteht heute am Computer. Die modernen Kompositionsprogramme enthalten nicht nur die traditionellen Möglichkeiten der klassischen Notationssysteme, sondern bieten darüber hinaus viele neue und zusätzliche Möglichkeiten, Musik zu komponieren. Die heute immer noch vorhandene Fixierung auf das klassische Notensystem in der musikalischen Früherziehung muss deshalb in Frage gestellt werden. Der Nutzen des Systems kann nicht mehr einfach als gegeben vorausgesetzt werden. Die Begründungen fehlen heute, warum Kinder, noch bevor sie schreiben und lesen können, schon Noten beherrschen sollen. Sinnvoller scheint es, das Erlernen von Noten mit dem Erlernen eines Musikinstruments zu beginnen und zu verbinden. Die Zeit, die früher in der musikalischen Früherziehung damit verbracht worden ist, Notenhälse bunt auszumalen, sollte lieber dazu genutzt werden, Kinder behutsam und spielerisch an die musikalischen Möglichkeiten des Computers und der digitalen Klangerzeugung und -speicherung heranzuführen.

Mit diesen uns heute zur Verfügung stehenden Mitteln wird auch die Herstellung eines musikalischen Produkts zu einem Feld des schöpferischen Gestaltens, auf dem die Kinder ihre kreativen Kräfte und Ideen anwenden und musikalische Produkte erschaffen können, wie das folgende Beispiel zeigt:

Dustin, Felix (beide sechs Jahre) und ich gehen in den Computerraum. Zuerst vergewissern wir uns, dass alle die grundlegende Bedienung eines PC's, also die Handhabung der Maus, beherrschen. Wir installieren zusammen das Notenprogramm. Aus den vielen Funktionsmöglichkeiten dieses Programms wählen wir zuerst das Einfügen von Noten aus, wobei wir uns auf die Unterschiede zwischen ganzen, halben, Viertel- und Achtelno-

ten konzentrieren. Wie hören sich die längeren Noten an, wie die kürzeren? Das gleichzeitige Hören der Noten versetzt die Kinder in die Lage, zu verstehen, was die Unterschiede sind und wie Note, Notenlänge und Klang miteinander verbunden sind. Da das Einfügen der Noten per Mausklick sehr einfach ist, kommen Felix und Dustin in einen wahren Komponierrausch. Dustin beginnt, die Noten zu einem längeren Stück zusammenzusetzen. Immer wieder stoppt er und hört sich das bereits Komponierte an. Er lässt es mehrmals abspielen und schließlich beginnt er, dazu im Raum zu tanzen. Am Ende geben wir den Stücken einen Titel und drucken sie als Geschenke für die Eltern aus.

Mit Hilfe des Gestaltungsmediums Notensatz-Musikprogramm sind die Kinder in der Lage, ihre schöpferischen Impulse in ein musikalisches Produkt fließen zu lassen, das jederzeit angehört, auf Papier ausgedruckt und in den folgenden Stunden kreativ weiterentwickelt werden kann. Die Stücke spiegeln dabei eine bestimmte innere Verfassung der Kinder wieder, was sich am Schluss daran zeigte, dass sie dazu tanzten.

Ein anderes Beispiel dafür, wie sinnvoll es ist, Kinder in den Gebrauch der technischen Möglichkeiten zur Speicherung von Klang einzuführen, zeigt das Beispiel von Lukas beim Aufnehmen seines Gesangs mit der Begleitung von Gitarre und Trommel. Als Lukas fünf Jahre alt war, entdeckte er, dass er das von ihm gesungene und gespielte Lied auf einem Recorder aufnehmen und wieder abspielen kann. Er

Cornelius, 7 Jahre, Keyboard

begann, gezielt Aufnahmen zu machen, wobei er ganz bewusst Gitarre und Trommel an bestimmten Stellen seines Gesangs einsetzte. Bestimmte Worte wurden betont, an anderen Stellen gab es instrumentale Pausen für gesprochene Passagen oder die Instrumente kamen solo zum Einsatz. Sowohl die Aufnahme als auch das mehrmalige Anhören dessen, was er aufgenommen hatte, erfüllten ihn mit Begeisterung und tiefer Freude.

Durch solche Erfahrungen wird die aktive Handlungskompetenz eines Kindes gestärkt. Das eigene Musikmachen wird positiv erlebt. Die Kinder lernen, dass zwischen der medial erzeugten Klangwelt von CD, Fernsehen und Internet und den eigenen Möglichkeiten keine grundsätzlichen Unterschiede bestehen, sondern die Unterschiede sich nur auf die Qualität der zur Verfügung stehenden Geräte, Instrumente und Aufnahmemedien beziehen.

Der Kindergarten-Blues

Von den Möglichkeiten und Grenzen musikalischer Früherziehung

Musikalische Früherziehung besitzt einen eindeutigen Bildungsauftrag. Doch die Meinungen, wie dieser Auftrag in der Praxis umgesetzt werden soll, gehen weit auseinander. Wird etwa die kindliche Entwicklung tendenziell eher als (passiver) Reifungsprozess angesehen, wird dementsprechend mehr Wert auf (vor-)strukturierte musikalische Lernprogramme gelegt, bei denen die Bildungsinhalte klar festgelegt sind.

Geht man dagegen davon aus, dass Kinder selbst am besten die für sie im Moment passenden musikalischen Spiel- und Erfahrungsmöglichkeiten suchen und finden, ist es sinnvoll, vielfältige und offene Angebote zu machen, aus denen sich das Kind das passende heraussucht. Wie aus der wissenschaftlichen Forschung bekannt, lernen Kinder im Vorschulalter eher beiläufig, quasi »nebenbei« und greifen sich aus den angebotenen Erfahrungen und Situationen das heraus, was ihrem Verständnis und ihren Fähigkeiten entspricht.

Als Lukas fünfeinhalb Jahre alt war, hörte er zum ersten Mal Robert, einen bekannten Kinderliedermacher. Als er sechs geworden war, wusste er von einem halben Dutzend Lieder die Texte auswendig und konnte sie auf seine Art und Weise nachsingen. Niemand hatte es ihm beigebracht. Er hatte die Songs einfach immer und immer wieder von der Musikkassette gehört und so eine enorme Gedächtnisleistung erbracht. Die Texte, die Melodie, der Rhythmus entsprachen genau seinen Bedürfnissen. Das wiederholte Hören und Mitsingen waren für ihn zu einer unerschöpflichen Quelle der Freude und des Vergnügens geworden.

Auch in anderen Kulturkreisen gibt es erstaunliche musikalische Resultate. So können zum Beispiel in der Ansang-Kultur in Nigeria schon fünfjährige Kinder komplizierte Rhythmen trommeln und verfügen über ein Repertoire von Hunderten von Liedern, die sie auch singen können.

Die musikalische Entwicklung eines Kindes findet sowohl in der selbst gestalterischen, selbst erschaffenden Konstruktion der eigenen Umwelt als auch in einem rezipierenden und aufnehmenden Austausch mit seiner Lebenswelt statt, d.h. beide Pole sind im ganzheitlichen Lernen sinnvoll. Aber was bedeutet eigentlich Lernen in diesem Zusammenhang?

Über das Thema Lernen gibt es viele wissenschaftliche Thesen und Theorien. Die Tatsache allerdings, dass immer noch eine große Anzahl von Jugendlichen unsere Schulen ohne Abschluss verlässt, zeigt, wie unvollständig unser Wissen und wie mangelhaft die gesellschaftliche Umsetzung des bereits Erkannten ist. Wir sind noch sehr weit entfernt von idealen Lernbedingungen für alle Kinder.

Nach einer allgemeinen Definition ist Lernen eine Änderung von Wissen oder Verhalten durch die Auswirkung von Erfahrung. Aber wie sich dies in der Praxis des Kindergartenalltags und des Alltags der Kinder genau vollzieht, entzieht sich fast immer einer einfachen Erklärung. Lernen und besonders ganzheitliches Lernen sind das komplexe Zusammenspiel von Teilbereichen, die zwar theoretisch definiert und abgegrenzt werden können, jedoch nur in Wechselwirkung miteinander existieren.

Nehmen wir das in den vorangegangenen Kapiteln geschilderte Musizieren auf der Trommel als Beispiel und betrachten, welche Lernleistungen damit verbunden sind:

- Wahrnehmungsleistung: Das Wahrnehmen von Tönen, Farbe, Form, Beschaffenheit des Instruments.
- Erinnerungsleistung: Letzte Woche haben wir schon getrommelt. Regen haben wir auf der Trommel nachgeahmt und mit den Fingern habe ich auch schon ganz leicht das Fell berührt.
- Ausdrucksleistung: Das Erzeugen von Tönen und Rhythmen.
- Reflexive Leistung: Je nachdem, wie stark ich mit den Händen auf das Fell schlage, ist der Klang laut oder leise.

- Soziale Leistung: Wir haben zusammen den Refrain gesungen und hinterher haben wir die Trommeln zusammen wieder weggeräumt.
- Sprachliche Leistung: Nach dem Musizieren haben wir miteinander über unser Spiel geredet. Ich fand, der Erzieher hat zu laut gesungen!

Das musikalische Angebot löst bei den Kindern unterschiedliche Erlebnisse und Erfahrungen aus, die sich dann in individueller Art und Weise als soziale, emotionale, kognitive und motorische Lernerfolge zeigen. Der Entwicklungs- und Lernweg, den ein Kind dabei beschreitet, basiert auf seinen bisherigen biografischen Erfahrungen und ist durch das eigene Lerntempo, individuelle Sprünge und Durchbrüche, aber auch notwendige Umwege gekennzeichnet. Ganzheitliches Lernen bedeutet für die begleitende Erzieherin ein hohes Maß an Achtsamkeit, Wahrnehmungs- und Beobachtungsvermögen. Aus diesem aufmerksamen Wahrnehmen der Kinder, aus ihren Handlungen und Äußerungen, ihren Reaktionen und ihrem Umgang mit den Instrumenten und Materialien, ihren Impulsen, Erlebnissen und im Gespräch mit ihnen können die momentanen Entwicklungs- und Lernprozesse erschlossen und das weitere pädagogische Vorgehen und die weiteren Erfahrungsangebote geplant werden.

Gerade das musikalische Lernen findet in Beziehung zu anderen Menschen statt. Spricht man mit bekannten Musikern, betonen fast alle die wichtige Rolle, die eine persönliche

und menschliche Beziehung zu einem Lehrer in ihrer musikalischen Entwicklung direkt oder indirekt gespielt hat. Letztendlich spiegelt dies auf musikalischer Ebene wider, was ganz elementar in der menschlichen Entwicklung geschieht. Von Geburt an vollzieht sich Entwicklung immer in Beziehung zu anderen Menschen: Eltern, Familie, Spielkameraden, Freunden, Erziehern, Lehrern.

Glaubt eine Gesellschaft, sich Beziehungen nicht mehr leisten zu können, wie es sich beispielsweise in der Heraufsetzung des Betreuungsschlüssels für Erzieherinnen in der Kita

von 1:16 auf 1:21 offenbart, so erschwert dies das ganzheitliche Lernen oder macht es sogar unmöglich. Die Festlegung des Betreuungsschlüssels in den Kindergärten beruht weder auf pädagogischen Empfehlungen noch spiegeln sich darin Erkenntnisse von wissenschaftlichen Forschungen wider. Es ist schlichtweg Geld, das man glaubt, in diesem Bereich sparen zu können. Geld, das dann für Erzieherinnen fehlt; Geld, das fehlt zur Erfüllung von pädagogischen Aufträgen. Es ist an der Zeit, diesen verantwortungslosen Umgang mit der Zukunft unserer Kinder zu stoppen.

Ausklang

Wie kann man nun die vielen verschiedenen Möglichkeiten von musikalischer Früherziehung sinnvoll zusammenklingen lassen und dabei im Bewusstsein behalten, dass es immer um die Kinder und ihre musikalische Entwicklung geht?

Ich möchte Leserinnen und Lesern das Gleichnis von der Laute auf den Weg geben: Sona fragte den Buddha, warum seine Bemühungen und Anstrengungen bisher nicht die von ihm gewünschten Resultate gezeigt haben. Der Buddha fragte ihn: »Sag', Sona, du hast dich doch wohl früher, als du noch im Hause lebtest, auf den Saitenklang im Lautenspiel verstanden?«

»Oh ja«, antwortete Sona. »Und«, fragte der Buddha weiter, »sag, Sona, wenn die Saiten deiner Laute zu straff gespannt waren, gab dann wohl deine Laute einen vollen Klang und war sie zu gebrauchen?« »Oh, nein«, erwiderte Sona. Der Buddha fuhr fort: »Wenn nun aber die Saiten deiner Laute zu schlaff gespannt waren, gab da wohl deine Laute einen vollen Klang und war sie zu gebrauchen?«

»Nein«, antwortete Sona erneut. »Wenn nun aber, Sona, die Saiten deiner Laute weder zu straff noch zu lose gespannt, sondern auf die richtige Tonhöhe gestimmt waren, gab dann wohl deine Laute einen vollen Klang und war sie zu gebrauchen?« Und Sona bejahte. »Ebenso auch, Sona«, schloss der Buddha, »führt allzu straffe Anspannung der Willenskraft zur Aufregung, allzu schlaffe Anspannung aber zur Trägheit. Darum, Sona, halte deine Kräfte in Gleichgewicht, erwirb dir ein Ebenmaß deiner Fähigkeiten und so strebe dann nach dem Ziel!«

Eine zu sehr gespannte Saite reißt und von einer zu schwach gespannten Saite erklingt kein Ton. Ich denke, es verhält sich in der musikalischen Früherziehung genauso: Überfordern wir die Kinder mit unseren Konzepten und machen ihnen noch so ausgefeilte musikalische Angebote, bewirken wir letztlich nur eine zu starke Anspannung und zu viel Druck, sei alles auch noch so gut gemeint. Die Gefahr ist groß, dass das Kind überfordert wird und sich von der Musik abwendet oder sie (teilweise) negativ bewertet.

Andererseits: Machen wir nicht immer wieder und wieder unsere Angebote, schaffen wir nicht unermüdlich immer wieder und wieder die Räume, in denen sich für das Kind eine positive Beziehung zur Musik aufbauen kann, wird es keine musikalische Persönlichkeit entwickeln können.

Genauso wie eine Saite immer wieder neu gestimmt werden muss, müssen auch wir uns immer wieder aufs Neue um das musikalische Kind bemühen und dem sich permanent entwickelnden und voranschreitenden Kind qualitative und quantitative Angebote machen. Damit arbeiten wir gemeinsam an einer großen Vision – jedem Kind die Bildung zu verschaffen, die es zur Entfaltung seines Potenzials benötigt, und ihm einen Lernweg zu ermöglichen, der es in die Lage versetzt, seine Fähigkeiten, Talente und Begabungen zum eigenen, aber auch zu unser aller Nutzen voll zu entwickeln.

Wie weiter mit bunten Klängen und klingenden Farben?

Eine Schlussbemerkung von Antje Bostelmann und Michael Fink

Unsere pädagogische Arbeit bei KLAX, dem Berliner Kindergartenträger, bei dem das in diesem Buch geschilderte Projekt »Musikalische Früherziehung« stattgefunden hat, begann im Atelier. Wie in kaum einem anderen Raum, so entdeckten wir, kann man im Atelier das oben benannte Verständnis von Bildung in die Realität umsetzen. Wir haben den Kindern gewiss auch gezeigt, was unsere Kultur an großen Darstellungsformen und Kunstwerken hervor gebracht hat. Wir haben ihnen geholfen, die vielfältigen Einsatzmöglichkeiten all

der Pinsel, Federn, Farben und Stifte zu zeigen, wenn das einmal überhaupt nötig war. Wir haben ihnen aber nie vorgeschrieben und vorgedacht, dass man mit diesen Pinseln ähnliche Bilder malen soll wie die alten Meister. Und die Kinder greifen zu Farben, erproben was damit geht und was nicht. Und merken: Weniges geht nicht, das meiste geht plötzlich sehr gut.

Nun sind wir im Musikraum. Hier sind die Farben die verschiedensten Klänge und mit den Pinseln, die hier Instrumente heißen, kann man sie herauslocken. Die Leinwand ist nun der ganze Raum, und hier breiten sich die seltsamen Pinselstriche namens Klang aus. Statt großflächiger Kritzel- und Schmierbilder ertönt gewiss anfangs ohrenbetäubender Musiklärm. Wie auf den Bildern, auf denen im Gekritzel plötzlich gegenständliche Zeichen auftauchen, bekommt auch der Musiklärm Struktur. Vielleicht entwickelt das eine Kind daraus später eine genialische Komposition, ein anderes behält nur das Erlebnis im Kopf, den Ausdruck der eigenen Gefühle im Musizieren als lustvoll erlebt zu haben. Beides lohnt sich.

KLAX hat die Fortbildung der Musikpädagoginnen in der Praxis bereits auf alle KLAX-Kindergärten ausgedehnt. Um allerdings dem ganzheitlichen Ansatz der KLAX-Pädagogik gerecht zu werden, ist die Fortbildung der Erzieherinnen auch auf den Gebieten der Bewegungspädagogik, Naturerkundung, Sprachentwicklung und Förderung sowie in Philosophie, Geschichte und forschendem Wissenserwerb nötig.

Wir von KLAX werden uns dieser Aufgabe stellen. Schön wäre es, wenn sich die Entscheidungsträger dieser Gesellschaft zu dem Beruf der Erzieherin bekennen. Dies wäre zuallererst in einer Ausbildung sichtbar, welche den Ansprüchen an eine für Kinder interessante, durch eigenes Wissen und Erfahrungen die Kinder überzeugende, mit speziellen Interessen ausgestattete, zur Entwicklungsbegleitung von Kindern fähige Persönlichkeit entspricht.

Die Autoren

Antje Bostelmann und Michael Fink sind bei KLAX verantwortlich für die Umsetzung und Weiterentwicklung des pädagogischen Konzeptes. Antje Bostelmann ist Begründerin von KLAX und als Geschäftsführerin mit dem Schwerpunkt Pädagogik tätig. Michael Fink leitet bei KLAX das Referat Pädagogik. Gemeinsam sorgen sie für Veröffentlichungen zur KLAX-Pädagogik, ob in Büchern oder Artikeln. Gemeinsam entwickeln sie den am Küchentisch entstandenen Ansatz der KLAX-Pädagogik weiter. Einer der wichtigsten Erfolge auf diesem Weg ist die Entwicklung eines Handbuches zur KLAX-Pädagogik in den Kindergärten, das ein Evaluationssystem beinhaltet, anhand dessen die KLAX-Kindergärten selbst feststellen können, welche Qualität ihre tägliche Arbeit mit den Kindern hat.

In der Zusammenarbeit mit dem Musikwissenschaftler Dr. Stefan Krüger konnte der – von der Förderungswürdigkeit der kindlichen Kreativität ausgehende – pädagogische Ansatz von KLAX in die Praxis der musikalischen Früherziehung in den KLAX-Kindergärten übertragen werden. Der besondere Reiz des Zusammenwirkens von Farben und Klängen in der pädagogischen Arbeit mit Kindern wird durch die gemeinsamen Aktivitäten von Stefan Krüger und Petra Zinke (Atelierpädagogin, bekannt aus dem Buch »Bananenblau und Himbeergrün« von Antje Bostelmann) im Kindergartenatelier deutlich.